Hugo Staudinger: Die Frankfurter Schule

D1848920

[redacted]

Hugo Staudinger

Die Frankfurter Schule

Menetekel der Gegenwart und Herausforderung an die christliche Theologie

Naumann

CIP-Kurztitelaufnahme der Deutschen Bibliothek

Staudinger Hugo:
Die Frankfurter Schule: als Menetekel d. Gegenwart u. als Herausforderung an d. christl. Theologie / Hugo Staudinger. – Würzburg: Naumann, 1982.

ISBN 3-88567-030-5

© bei Verlag Naumann, Würzburg
Gesamtherstellung: Echter Würzburg, Fränkische Gesellschaftsdruckerei und Verlag GmbH.

Inhalt

Vorwort

Diese Untersuchung, die im Rahmen des Forschungsprogrammes des Deutschen Instituts für Bildung und Wissen erstellt wurde, will die positive Bedeutung der Frankfurter Schule herausarbeiten. Diese Intention kann mißverstanden werden. Daher sei schon an dieser Stelle betont, daß damit die negative Komponente dieser Schule und insbesondere die destruktiven Wirkungen, die von ihr ausgegangen sind, nicht geleugnet werden. Insbesondere ist diese Untersuchung keine Streitschrift gegen jene, die mit vollem Recht vor den negativen Auswirkungen der Frankfurter Schule und insbesondere vor Verfechtern einer sich auf die Kritische Theorie berufenden unkritischen Emanzipationsbewegung gewarnt haben und warnen.

Dagegen will diese Untersuchung durchaus eine Herausforderung derer sein, die die Frankfurter Schule pauschal abqualifizieren, weil sie sich als Vertreter einer durch Eindimensionalität gekennzeichneten Wissenschaft und Politik von ihr durchschaut und entlarvt fühlen. Sie sollen erkennen, daß ihnen die Analysen der Frankfurter Schule zu Recht als ein Menetekel erscheinen, das sie nicht ohne eigenen Schaden ignorieren können.

Nicht zuletzt geht es mir als letztem Gesprächspartner Max Horkheimers auch darum, die positiven Ansätze aufzunehmen, die weithin unbeachtet oder unverstanden von Denkern der Frankfurter Schule hinterlassen wurden. Hierzu gehört vor allem eine zwar nicht aufdringliche, aber um so beachtenswertere Konvergenz zwischen metakritischem Denken und christlicher Offenbarung. Die Zeit jener Spielart der Aufklärung, die sich fortschrittsbewußt dem Glauben überlegen fühlte, ist zu Ende gegangen. Die inzwischen selbstkritische Vernunft stößt bei ihrer Suche nach Orientierung auf alte Deutungen und Wegweisungen, die sie in einer neuen Art und Weise zu beachten und zu betrachten beginnt, die ihr jedoch angesichts der gegenwärtigen Theologie der Wahrheitsfrage kaum standzuhalten scheinen.

Meinen Freunden und Mitarbeitern im Institut gilt herzlicher Dank, insbesondere Herrn Heinrich Petri, der den Text aus theologischer Sicht durchgearbeitet hat. Gewidmet ist diese Untersuchung meiner lieben Frau, deren kritische Anteilnahme und verständnisvolle Mithilfe allen meinen Veröffentlichungen zugute kamen.

I. Die Schwierigkeiten einer angemessenen Würdigung der Frankfurter Schule

1. Die Frankfurter Schule als Herausforderung an die Gesellschaft

Die Bezeichnung Frankfurter Schule ist bis heute gang und gäbe für eine Gruppe von Denkern, die sich um den Philosophen und Soziologen Max Horkheimer gruppierte, der von 1931 bis 1933 Direktor des Instituts für Sozialforschung in Frankfurt gewesen und nach seiner Emigration dorthin zurückgekehrt war. Neben Horkheimer waren Adorno, Marcuse und der der jüngeren Generation angehörende Habermas wichtige Repräsentanten dieser Gruppe. Ihre Veröffentlichungen gehörten in den sechziger Jahren zu den allgemein beachteten und oft zitierten Werken; ihre Namen waren geradezu Kampfrufe in geistigen und politischen Auseinandersetzungen.
Die Studentenrevolte des Jahres 1968 bedeutete einen wichtigen Wendepunkt für die Beurteilung der Frankfurter Schule durch die deutsche Öffentlichkeit. Die Studenten, die sich zur Rechtfertigung ihrer Gewalttätigkeiten und Demonstrationen auf die Kritische Theorie und auf die Frankfurter Analyse der modernen Industriegesellschaft beriefen, waren im Allgemeinbewußtsein der Beweis für den destruktiven Charakter der Frankfurter Denker. Obgleich diese sich zum größeren Teil von den gewalttätigen Übergriffen der Revoltierenden distanzierten, erschienen sie weiten Kreisen als die Hintermänner am Vorlesungspult und am Schreibtisch, die es anderen überließen, die Konsequenzen aus ihren Theorien zu ziehen und sich mit den Vertretern der offiziellen Gesellschaft herumzuprügeln. Seither vermeiden es viele seriöse Wissenschaftler, sich auf die als neomarxistisch etikettierten Schriften der Frankfurter Schule zu beziehen und die Grundgedanken der Kritischen Theorie weiterzudenken. Dagegen werden die Schriften der Frankfurter Schule oft in einer recht un-

befangenen Weise von linken Intellektuellengruppen zur eigenen Bestätigung vereinnahmt. Insgesamt jedoch kann man heute den Eindruck gewinnen, als sei die Frankfurter Schule primär eine Angelegenheit der Vergangenheit.

Dennoch fragt sich, ob das Problem, das hinter der Frankfurter Schule steht, damit „erledigt" ist. Es sollte hellhörig machen, daß in unserer Gegenwart viele Initiativen und „Bewegungen" in das gängige Schema der offiziellen politikwissenschaftlichen Systematik nur schwer einzuordnen sind. Dies gilt nicht nur für sektiererische Studenten- und Schülergruppen, die mit einem beachtlichen Einsatz und Verschleiß agitieren und dabei einerseits den real existierenden Sozialismus strikt ablehnen, jedoch durch die Hoffnung auf einen künftigen besseren zusammengehalten und zu immer neuen Initiativen getrieben werden. Es gilt jedoch auch für die vielfältige und immer einflußreichere Palette der sogenannten Grünen, der Kämpfer gegen die Ausbeutung der Tiere, der Umweltschützer, der Atomkraftgegner und aller, die ein sogenanntes alternatives Leben fordern, ohne jedoch recht zu wissen, wie ein solches Leben gestaltet werden müßte, sofern es nicht in parasitärer Abhängigkeit von jener Gesellschaft bleiben soll, zu der es dem Anspruch nach die Alternative bildet. Und es gilt im weitesten Sinne schließlich auch für jenes weit verbreitete unterschwellige Lebensgefühl, das mit dem Stichwort Nostalgiewelle nur unzulänglich gekennzeichnet wird, da hinter ihm letztlich die Sehnsucht nach einem personal erfüllten, sinnvollen Leben steht, das im klappernden Getriebe der genormten modernen Industriegesellschaft verlorengegangen zu sein scheint.

Es stellt sich zumindest die Frage, ob und wieweit diese Erscheinungen und Gruppierungen bewußt oder unbewußt in je ihrer Art das Erbe der Frankfurter Schule repräsentieren; oder genauer gesagt: Es ist zumindest der Frage wert, ob zahlreiche bedenkliche Erscheinungen der Gegenwart – etwa das Gefühl der Sinnlosigkeit des Lebens, die Unsicherheit in der Frage von Grundwerten und Grundrechten, die Unzufriedenheit vieler Jugendlicher mit den „etablierten Parteien", sowie die Staatsverdrossenheit und im weiteren Sinne die Institutionsverdrossenheit weiter

Teile der Bevölkerung – darauf hinweisen, daß die kritischen Anfragen, die die Vertreter der Frankfurter Schule an die moderne Industriegesellschaft gestellt haben, bis heute unbeantwortet geblieben sind und unterschwellig als ein vom ursprünglichen Kontext gelöstes fahles Fragezeichen das Lebensgefühl der Zeit stärker mitbestimmen, als es den meisten Menschen bewußt ist.
Eine Aufarbeitung dieser Situation setzt voraus, daß die Krise ins Bewußtsein gehoben wird, da sie sonst unterschwellig und unerkannt wie eine verschleppte Krankheit das Allgemeinbewußtsein zermürbt und die positiven Kräfte der Gesellschaft zerstört. Es kennzeichnet ja die gegenwärtige Situation, daß zwar die Kritische Theorie von vielen heutigen Menschen im wesentlichen als eine vergangene und nicht mehr aktuelle Erscheinung betrachtet wird, daß jedoch das von dieser Theorie kritisierte System trotz allen Unbehagens, das es bei vielen auslöst, faktisch ohne Alternative, ja ohne entscheidende Korrektur weiter besteht. Dabei könnte gerade die Tatsache, daß das herrschende Allgemeinbewußtsein dieses System bis heute zwar in vieler Hinsicht für verbesserungsfähig und verbesserungsbedürftig hält, jedoch seine Grundstruktur keiner kritischen Überlegung unterzieht, hellhörig machen: Es bestätigt unbeabsichtigt in wichtigen Punkten die Analyse der Frankfurter Schule.

2. Die Berufung auf die Frankfurter Schule zur Rechtfertigung gewalttätiger Zerstörung und destruktiver Emanzipation

Wie bereits angedeutet wurde, ist es allerdings verständlich, daß viele verantwortungsbewußte Menschen aus Sorge um eine gewaltfreie politische Willensbildung und eine menschenwürdige Zukunft der Frankfurter Schule ablehnend gegenüber stehen. Diese Ablehnung gründet einerseits in Erfahrungen während der Studentenrevolte, die sich auf die Frankfurter Schule berief und durch besonders destruktive Feindschaft zur gegenwärtigen als spätkapitalistisch diffamierten Gesellschaft geprägt wurde. Sie gründet andererseits jedoch auch in Veröffentlichungen der Frankfurter Schule selbst, die tatsächlich eine Komponente destruktiver Kritik in sich haben.

Zur Verdeutlichung dieser Komponente, die die Wirkungsgeschichte der Frankfurter Schule weithin bestimmt, sei auf eine Untersuchung hingewiesen, die Henning Günther und die Brüder Clemens und Rudolf Willeke unter dem Titel „Die Gewalt der Verneinung – die Kritische Theorie und ihre Folgen" vorgelegt haben.[1] Selbst wenn die Autoren, wie ihnen vorgeworfen worden ist, die eine oder andere These zu scharf akzentuieren und einzelne Zitate einseitig interpretieren sollten, ist und bleibt diese Untersuchung insgesamt ein überzeugender Aufweis für eine Fülle negativer Impulse, die von der Frankfurter Schule ausgegangen sind. Es ist das unbestreitbare Verdienst der Autoren, durch diese Schrift und anderer Veröffentlichungen wesentlich dazu beigetragen zu haben, daß eine Reihe von destruktiven Auswirkungen der Frankfurter Schule – besonders im Bereich der Erziehung – erfolgreich eingedämmt werden konnten.[2]

Die genannte Untersuchung, die sich selbst als eine „ideenpolitisch gerichtete Veröffentlichung"[3] versteht, geht von vier Thesen aus, die durch die nachfolgenden Darlegungen gerechtfertigt werden. Sie lauten:

1. Die Ereignisse von 1967/68 (Schüler- und Studentenrevolte) sind nicht als Randphänomene der Gesellschaft zu betrachten, sondern es handelt sich um eine wirkliche Revolution.
2. Wir leben seit einem Jahrzehnt in einer nachrevolutionären Epoche, in der die formierenden, geschichtsmächtigen Tendenzen ideenpolitisch und pragmatisch von der Neuen Linken beeinflußt werden.
3. Für die gesamte Bewegung der revolutionären Umgestaltung unserer Republik spielt die Kritische Theorie der Frankfurter Schule eine prominente Rolle.
4. Ausgehend von den ursprünglichen Zielen der Kritischen Theorie, bildet sich eine sozialistische Subkultur heraus, die nach neuen Überlebensregeln konstruiert ist.[4]

Bei der Begründung ihrer Thesen sind sich die Autoren der Vielschichtigkeit der Gesamtsituation und Gesamtentwicklung durchaus bewußt. Sie bringen einerseits Belege dafür, „daß die Kritische Theorie bis in alle Einzelheiten des revolutionären Programms mit der achtundsechziger Revolution übereinstimmt",[5] machen jedoch andererseits auch darauf aufmerksam, daß diese Übereinstimmung zunächst unglaublich erscheinen muß, „weil viele Träger und Exponenten der Bewegung der neuen Linken gar keine eigene authentische Kenntnis der Kritischen Theorie haben".[6]

Solche Hinweise zeigen, daß die Wirkungsgeschichte der Kritischen Theorie höchst kompliziert ist. Das gilt in besonderem Maße auch für ihren Einfluß auf jene einschneidenden Veränderungen, die unser Bildungswesen in den letzten Jahrzehnten über sich ergehen lassen mußte. Diese Veränderungen sind ja nicht zuletzt dadurch gekennzeichnet, daß einerseits bei der Erstellung von Unterrichtsmaterialien und bei der faktischen Unterrichtsgestaltung gesellschaftskritische und emanzipatorische Impulse wirksam waren, die sich auf die Kritische Theorie beriefen, daß andererseits jedoch die Bildungsreform insgesamt weitgehend technokratische Züge aufwies und eine Wissenschaftsorientiertheit der Bildung proklamierte, die in einer unaufhebbaren Diskrepanz zu den wissenschafttskritischen Äußerungen führender Vertreter der Frankfurter Schule stand.

So können die Autoren der genannten Untersuchung einerseits mit Recht konstatieren, daß die Kritische Theorie „in den letzten Jahren das geistige Klima unserer Gesellschaft nachhaltig beeinflußt"[7] habe, müssen jedoch andererseits zugestehen, daß es schwierig sei, die Wege der erfolgten Bewußtseinsveränderung im einzelnen festzustellen. Für eindeutig nachweisbar halten sie die Wirkungen, die durch die Aktivitäten politischer Jugendorganisationen, insbesondere der Jusos und Judos auf die allgemeine Bewußtseinsbildung ausgehen. Die Autoren unterstreichen, daß diese Organisationen in ihrer politischen Agitation der Kritischen Theorie folgen, wenn sie ihre Kritik „vor allem gegen das kapitalistische Wirtschaftssystem, die bestehenden Herrschafts- und Machtverhältnisse, die repräsentative Demokratie, die Chancenungleichheit, die Unterdrückung der Außenseiter, die rigide Sexualmoral, die Umweltzerstörung, die Probleme der Dritten Welt usw."[8] richten.

Somit zeigt die genannte Untersuchung zusammen mit anderen Analysen und konkreten Erfahrungen, die nahezu jeder in seinem eigenen Lebensbereich machen kann, daß von der Wirkungsgeschichte her betrachtet die Frankfurter Schule weithin Impulse zu gewalttätigen Störungen und Zerstörungen gegeben und durch eine destruktive Emanzipation sowie eine aufs Negative abzielende Infragestellung das Gefüge der Gesellschaft erschüttert hat. Dabei kann durchaus im einzelnen darüber gestritten werden, ob jene Fans und Epigonen, die sich auf die Repräsentanten der Kritischen Theorie berufen, ihre geistigen Wahlväter im einzelnen richtig verstanden haben oder ob sie zum Teil – hierin klassischen Häretikern und modernen christlichen Ideologen vergleichbar – durch das Herausreißen bestimmter Zitate aus dem Gesamtzusammenhang eine eigenwillige und letzten Endes unangemessene Interpretation betreiben. Denn im Hinblick auf die Wirkungsgeschichte ist diese Frage nicht entscheidend.

3. Die Schwierigkeit einer eindeutigen Kennzeichnung der Frankfurter Schule

Die bisherigen Überlegungen zeigen bereits, daß eine Beurteilung und Kennzeichnung der Frankfurter Schule schwieriger ist, als es zuweilen dargestellt wird. Denn die Frankfurter Schule hat zwar eine Reihe von prominenten Repräsentanten, jedoch kein offizielles Lehramt, an das man sich halten könnte. Im Gegensatz zum orthodoxen Marxismus wird von den sogenannten Neomarxisten Frankfurts nicht einmal Marx dogmatisiert. Er wird nicht nur, wie das auch im orthodoxen Marxismus geschieht, neu interpretiert und weiterentwickelt, sondern auch in grundlegenden Aussagen kritisch in Frage gestellt. Da es keine systematisch festgehaltene und offiziell anerkannte Lehre der Frankfurter Schule gibt, erhebt sich die Frage,

ob die bisherige Wirkungsgeschichte der Frankfurter Schule, in der sie zur Rechtfertigung gewalttätiger Zerstörung und destruktiver Emanzipation diente, die einzig angemessene und zulässige Interpretation darstellt.
Tatsächlich zeigt ein unvoreingenommenes Studium der verschiedenen Veröffentlichungen der Repräsentanten der Frankfurter Schule, daß weder das Etikett „Neomarxismus", noch die von der Wirkungsgeschichte naheliegende Kennzeichnung „Die Gewalt der Verneinung" ausreichend ist, um die Frankfurter Schule umfassend zu charakterisieren. Vielmehr sind vor allem zwei ergänzende Feststellungen nötig:

1. Ein beträchtlicher Teil, der von den Frankfurtern vorgelegten Analysen und Charakterisierungen der modernen fortgeschrittenen Industriegesellschaft ist, unbeschadet ihrer ideologischen Einfärbung, zutreffend und bedenkenswert. Mit Recht hat der sicher ideologisch unverdächtige Pater Johannes Hollenbach schon im April 1968, also zur Zeit der großen Studentenrevolte, in dem von ihm begründeten ibw-Journal bei einer Charakterisierung Herbert Marcuses unterstrichen: „Seine Kritik trifft das technokratische Denksystem als Ganzes, ganz gleich, welche politische Ausprägung es in Ost oder West findet. Seine Kritik trifft die verhängnisvollen Folgen des positivistisch und behavioristisch verkürzten Denkens und Sprechens, das sich darin als fortschrittlich gibt, daß es gegenüber jeder Wertordnung „neutral" zu sein behauptet und gerade dadurch einer schleichenden Versklavung der Individuen die Wege bereitet. Nur ist diese Versklavung gegenüber der früheren nicht mehr so handgreiflich, weil sie als Fortschritt der „Wissenschaft" und als „notwendige Folge der Technisierung" hingenommen werden muß."[9]
2. Bei den beiden Dioskuren der Frankfurter Schule, bei Horkheimer und Adorno, finden sich, zumindest in ihren späteren Schriften eine Fülle von Hinweisen und Überlegungen, die als Ansätze und Impulse für eine positive Aufarbeitung der gegenwärtigen Situation hilfreich sein können. Dabei handelt es sich – das muß aus-

drücklich betont werden – nicht etwa um eine bloße Reaktion auf den von Adorno und Horkheimer abgelehnten destruktiven Aktionismus der Studentenbewegung, sondern um Überlegungen, die der eigenen Konsequenz des Denkens folgen. In diesem Zusammenhang braucht nur darauf hingewiesen zu werden, daß Adornos Hauptwerk die „Negative Dialektik" schon 1966, also vor der Studentenrevolte erschien, jedoch in ihren Grundtendenzen nicht nur von den Vorkämpfern dieser Revolte ignoriert, sondern bis heute als geistesgeschichtlicher Impuls unbeachtet geblieben ist.

Die zweite dieser Bemerkungen deutet bereits darauf hin, daß eine weiterführende und positive Komponente nicht bei allen Repräsentanten der Frankfurter Schule gleichermaßen festgestellt werden kann. Wie die weiteren Überlegungen im einzelnen zeigen werden, zeichnet sich Herbert Marcuse durch eine unverhohlene Aufforderung zur Gewaltanwendung durch revolutionäre Minderheiten aus. Mit seiner Parole der „Großen Weigerung" ist er geradezu der idealtypische Repräsentant der Gewalt der Verneinung, eingestandenermaßen unfähig, positive und zukunftsträchtige Impulse zu entwickeln. Diese Impulse fehlen im Sinne grundlegender Orientierungen aus freilich völlig anderen Gründen auch bei Jürgen Habermas, der die illusionäre Erwartung hat, man könne die gegenwärtigen Probleme, insbesondere das Defizit an gesellschaftlicher Zielorientierung, primär durch neue demokratische Verfahrensregelungen wie etwa den letzthin utopischen herrschaftsfreien Dialog lösen, bzw. beheben.

Während man Herbert Marcuse und Jürgen Habermas geistesgeschichtlich verhältnismäßig eindeutig kennzeichnen kann, wird eine solche Kennzeichnung bei Max Horkheimer und Theodor W. Adorno schwierig. In ihren relativ frühen Schriften betrachteten sie sich selbst als Vertreter neomarxistischer Positionen. Eine zukunftsträchtige Komponente ist kaum zu erkennen. Von bleibender Bedeutung sind vor allem die in diesen Schriften enthaltenen Analysen. Es ist verständlich, daß beide Autoren im Jahre 1969 in ihrem Geleitwort zur Neuausgabe der erstmals 1947 erschienenen „Dialektik der Aufklärung" mit gewissem Stolz

auf diese ihre frühen, inzwischen weithin bestätigten Analysen hinweisen, indem sie unter anderem erklären: „Die Prognose des ... Umschlags von Aufklärung in Positivismus ... schließlich die Identität von Intelligenz und Geistfeindschaft hat überwältigend sich bestätigt.“[10]
Allerdings machen die Autoren auch deutlich, daß sie in ihrem eigenen Denken inzwischen weiter gekommen sind. Sie betonen: „Nicht an allem, was in dem Buch gesagt ist, halten wir unverändert fest.“[11] Ihr Verfahren, den ursprünglichen Text trotzdem nahezu unverändert neu zu veröffentlichen, begründen sie einerseits damit, daß sie nichts retuschieren wollten, andererseits jedoch auch mit dem Eingeständnis, „den Text voll auf den gegenwärtigen Stand zu bringen, wäre ohnehin auf nicht weniger hinausgelaufen, als auf ein neues Buch“.[12] Hierin liegt ein Hinweis darauf, daß sie inzwischen nicht nur den einen oder anderen Satz oder Abschnitt für überholt ansehen, sondern in ihrem gesamten Denken neue Einsichten gewonnen haben. Allerdings schwächen sie die zunächst eindeutige Erklärung, daß die Neuausgabe des Buches im Sinne einer „Dokumentation“ verstanden werden müsse, selbst am Schluß ihres Geleitwortes wieder ab, indem sie der Hoffnung Ausdruck geben, „es sei zugleich mehr“.[13]
Wie schon diese wenigen Hinweise zeigen, beruht der weite Interpretationsspielraum der Frankfurter Schule nicht nur darauf, daß von jedem der herausragenden Repräsentanten dieser Schule eigene, höchst unterschiedliche Impulse ausgehen, sondern auch darauf, daß die beiden Dioskuren der Frankfurter Schule, Horkheimer und Adorno, ihre alten Veröffentlichungen zu einem Zeitpunkt neu herausgegeben haben, zu dem sie dank neuer Einsichten nicht mehr voll hinter diesen Texten standen. Sie waren sich im übrigen der Problematik ihres Vorgehens selbst bewußt. Wie Max Horkheimer eingesteht, zögerte er zunächst, „die Aufsätze aus der längst vergriffenen Zeitschrift für Sozialforschung nochmals herauszubringen“.[14]
Er begründet dieses Zögern mit der „Überzeugung, ein Autor sollte jeweils nur Gedanken publizieren, zu denen ohne Rückhalt er zu stehen vermag“.[15] An anderer Stelle spricht er von der Schwierigkeit, „die alten Gedanken, die

von jener Zeit nicht unabhängig waren, wieder auszusprechen, ohne dem, was mir heute als wahr erscheint, Eintrag zu tun ...“[16] Trotz solcher Bedenken gab er schließlich dem Drängen des Verlegers nach.
Dabei sah er durchaus die Gefahr, daß die neu herausgegebenen Aufsätze zur Legitimierung von revolutionärer Gewalt mißbraucht werden könnten. Er suchte dem entgegenzuwirken, indem er sich in einer Form, die man heute vielleicht als kritische Solidarität bezeichnen würde, ausdrücklich zur Demokratie und zur freien Welt bekannte: „Offen zu sagen, die fragwürdige Demokratie sei bei allen Mängeln immer noch besser als die Diktatur, die ein Umsturz heute bewirken müßte, scheint mir ... um der Wahrheit willen notwendig zu sein[17] ... die sogenannte freie Welt an ihrem eigenen Begriff zu messen, kritisch zu ihr sich zu verhalten und dennoch zu ihren Idealen zu stehen, sie gegen Faschismus Hitlerscher, Stalinscher oder anderer Varianz zu verteidigen, ist Recht und Pflicht jedes Denkenden.“[18]
Wie solche Bemerkungen zeigen, haben Horkheimer und Adorno sich der Erkenntnis nicht verschlossen, daß ihre frühen Veröffentlichungen eingesetzt werden konnten, um „die Gewalt der Verneinung“ zu rechtfertigen und zu fördern. Um so dringender wird man fragen müssen, ob das zitierte, geradezu verschlüsselte und unter Umständen halbherzig wirkende Bekenntnis zur Demokratie und zur freien Welt in einem Vorwort genügt, um diese Gefahr zu bannen. Wahrscheinlich wäre es angemessener und unmißverständlicher gewesen, auf eine autorisierte Neuausgabe ihrer alten Schriften zu verzichten oder zumindest eindeutig und detailliert anzugeben, welche der früher vorgetragenen Gedanken sie inzwischen als überholt betrachten. Da sie derartige Angaben kaum gemacht haben, sind sie weithin selbst dafür verantwortlich oder zumindestens mitverantwortlich, daß bis heute aus revolutionärem Eifer und aus wissenschaftlicher Naivität auch Passagen ihrer früheren Schriften positiv zitiert werden, bei denen zumindest fraglich ist, ob die so Zitierten darüber glücklich wären. Zweifelsohne hat der autorisierte Nachdruck der frühen Schriften von Horkheimer und Adorno samt der darin

enthaltenen allgemeinen und unpräzisen Distanzierung erheblich dazu beigetragen, den Interpretationsspielraum der Hinterlassenschaft dieser beiden Autoren nochmals zu vergrößern.

Die Schwierigkeit einer eindeutigen Interpretation wird zusätzlich erhöht, da zwischen den frühen und den späten Schriften, bzw. dem frühen und dem späten Denken dieser Autoren kein radikaler Bruch im Sinne eines Bekehrungserlebnisses festgestellt werden kann. Es handelt sich eher um ein Weiter- und Umdenken angesichts neuer geschichtlicher Erfahrungen. Dies gilt nicht zuletzt auch für die Einstellung zum Marxismus. Horkheimer selbst berichtet hierüber rückblickend: „Es stimmt, ich war Marxist, ich war Revolutionär. Ich habe nach dem Ersten Weltkrieg begonnen, mich mit Marx zu beschäftigen, weil die Gefahr des Nationalismus offenkundig war. Ich glaubte, nur durch eine Revolution könne der Nationalsozialismus beseitigt werden und zwar durch eine marxistische Revolution. Mein Marxismus, mein Revolutionärsein, war eine Antwort auf die Herrschaft des Totalitären von rechts.“[19] Im unmittelbaren Anschluß an diese Feststellung fährt Horkheimer allerdings fort: „Ich hatte aber schon damals Zweifel, ob die von Marx verlangte Solidarität des Proletariats schließlich zu einer richtigen Gesellschaft führen würde.“[20]

Wie Helmut Gumnior zutreffend bemerkt, entsprang die spätere Abwendung Horkheimers vom Marxismus letzten Endes der gleichen Grundhaltung wie die Hinwendung. Es war der Wille zur Gerechtigkeit, der „seine Abkehr vom Marxismus“ gebot, „als Stalin die totalitäre Herrschaft von links praktizierte“.[21] Diese Abkehr konnte er um so unbedenklicher vollziehen, da das humanitäre Anliegen des Marxismus nach seiner Überzeugung inzwischen überholt war: „Die soziale Lage des Proletariats“, so schrieb Horkheimer bei späterer Gelegenheit, „hat sich ohne Revolution verbessert und das gemeinsame Interesse ist nicht mehr die radikale Veränderung der Gesellschaft ...“[22]

Somit bedeutet der Wandel in der Einstellung zum Marxismus bei Horkheimer keinen eigentlichen Kontinuitätsbruch. Vielmehr erforderte gerade die Kontinuität des Willens zur Gerechtigkeit diesen Wandel. Der Wille zur Gerechtigkeit gegenüber Jedermann führte Horkheimer schließlich zu einer über die Distanzierung vom Stalinismus hinausgehenden grundsätzlichen Absage an jeden Kollektivismus und Totalitarismus. Er erklärte nunmehr eindeutig: „Staat und Gesellschaft ... sind um der Individuen da, nicht umgekehrt. Empirische Freiheit ist Bedingung der Handlung, die moralisch heißt."[23] Diese Hinweise zeigen einerseits, daß tatsächlich ein Umdenken Horkheimers in wichtigen Fragen erfolgte, andererseits jedoch auch, daß die Kontinuität in seinem Denken tiefer gründet als die Diskontinuität.

Vergleichbares gilt auch von Adorno. Er bleibt trotz zahlreicher kritischer Korrekturen und Anmerkungen bis zuletzt befangen in dem einmal bevorzugten marxistischen Begriffs- und Denksystem. Ein eindrucksvolles Dokument dafür ist die Rede, die er 1968, also kurz vor seinem Tod, zur Eröffnung des sechzehnten deutschen Soziologentags in Frankfurt zur Frage „Spätkapitalismus oder Industriegesellschaft?" gehalten hat. Statt die industrielle Arbeit als ein Symptom der wissenschaftlich-technischen Weltgestaltung zu kennzeichnen, versucht er die moderne Welt insgesamt als Extrapolation der Prinzipien industrieller Arbeit auf die Gestaltung der Gesellschaft zu verstehen. Dementsprechend erklärt er: „Industrielle Arbeit ist überall und über alle Grenzen der politischen Systeme hinaus zum Muster der Gesellschaft geworden. Zur Totalität entwickelt sie sich dadurch, daß Verfahrensweisen, die den industriellen sich anähneln, ökonomisch zwangsläufig sich auch auf Bereiche der materiellen Produktion, auf Verwaltung, auf die Distributionssphäre und die, welche sich Kultur nennt, ausdehnen." Zur unmittelbaren Antwort auf die im Thema gestellte Frage versicherte er, „daß die gegenwärtige Gesellschaft durchaus Industriegesellschaft" sei „nach dem Stand ihrer Produktivkräfte", fügte jedoch sogleich hinzu: „Demgegenüber ist die Gesellschaft Kapitalismus in ihren Produktionsverhältnissen. Stets noch sind die Menschen, was sie nach der marxistischen Analyse um die Mitte des 19. Jahrhunderts waren: Anhängsel an die Mechanerie, nicht nur bloß buchstäblich die Arbeiter, welche nach der

Beschaffenheit der Maschinen sich einzurichten haben, die sie bedienen, sondern weit darüber hinaus metaphorisch, bis in ihre intimsten Regungen hinein genötigt, dem Gesellschaftsmechanismus als Rollenträger sich einzuordnen und ohne Reservat nach ihm sich zu modeln. Produziert wird heute wie ehedem um des Profits willen."[24]

Die bleibende Befangenheit Adornos in marxistischen Denkschablonen bei gleichzeitiger Korrektur grundlegender marxistischer Auffassungen ist jedoch nur ein Beispiel für das Wechselspiel von Kontinuität und Diskontinuität im Denken Horkheimers und Adornos. Durch dieses Wechselspiel wird eine klare Scheidung zwischen frühen und inzwischen revidierten Auffassungen auf der einen und späten, bzw. bleibenden Überzeugungen auf der anderen Seite nochmals erschwert.

Wenn es jedoch zutrifft – und darüber kann kaum ein Zweifel bestehen – daß in den späteren Werken Horkheimers und Adornos die alten Gedanken angesichts neuer Erfahrungen weiter gedacht und zum Teil korrigiert worden sind, dann kommt für eine angemessene Interpretation des Gesamtwerkes den späteren Schriften die entscheidende Bedeutung zu. In ihnen wurde eine korrektive Klärung und eine größere Reife erreicht. Hieraus wird allerdings auch verständlich, daß jene Intellektuellengruppen, die eine solche Klärung und Reife vermissen lassen, von den späten Veröffentlichungen Horkheimers und Adornos nichts halten, sondern sie als senile Anwandlungen ehemals entschlossener Revolutionäre zu entwerten suchen. In dieser Konzeption werden dann die frühen Schriften von Horkheimer und Adorno mit den Veröffentlichungen von Marcuse und Habermas zu einer Gesamtinterpretation der Frankfurter Schule zusammengebraut, die in den Dienst ideologisch-emanzipatorischer Pädagogik, linksextremer Agitation und gewalttätiger Gesellschaftspolitik gestellt werden kann. Wie bereits dargelegt wurde, ist diese Interpretation in der Wirkungsgeschichte der Frankfurter Schule bislang dominant gewesen.

Diese einseitige Akzentuierung der Interpretation der Frankfurter Schule wurde freilich durch den „Rückzug" Horkheimers ins Tessin und den plötzlichen Tod Adornos

erheblich begünstigt. Die überlebenden Repräsentanten und Erben der Kritischen Theorie haben die zukunftsweisenden Impulse Adornos und Horkheimers eher ignoriert als weiterentwickelt. Diese Tendenz kündigt sich bereits in dem zum Gedächtnis an Adorno herausgebrachten Sammelband an:[25] Von den Exponenten der Frankfurter Schule bekennt sich nur Horkheimer uneingeschränkt zu Adorno. Herbert Marcuse, aber auch der der jüngeren Generation angehörende Jürgen Habermas distanzieren sich zwar durchaus taktvoll, aber deutlich.
Besonders aufschlußreich ist der in diesem Bande veröffentlichte Beitrag von Alfred Schmidt. Er kann als repräsentativ betrachtet werden für die Art und Weise, wie Adorno für die weitere Wirkungsgeschichte durch eine gekonnt einseitig integrierende Interpretation vereinnahmt wurde. Die Negative Dialektik, die nach Adornos eigenen Darlegungen als dessen Lebenswerk bezeichnet werden muß, wird keiner eigenen Darstellung oder Interpretation gewürdigt, sondern nur unter anderem zitiert. In den Anmerkungen, die die Quellennachweise erbringen, finden sich bezeichnenderweise bei dieser Würdigung Adornos öfter Hinweise auf Marx und Engels als auf die Negative Dialektik.[26] Schon der Titel „Adorno – ein Philosoph des realen Humanismus“ signalisiert die Tendenz des Autors, die er selbst durch den Hinweis unterstreicht, daß der Begriff des „realen Humanismus“ erstmals bei Marx und Engels auftaucht. Daß Alfred Schmidt ausdrücklich darauf hinweist, daß Adorno selbst sich gegen die Etikettierung „Philosoph des realen Humanismus“ wahrscheinlich gesträubt hätte, ist zwar persönlich sympathisch, kann jedoch die Tendenz und die Wirkung der erfolgten geistigen Annektion nicht aufheben.
Die nachfolgenden Darlegungen haben nicht das Ziel, der bisher in der Wirkungsgeschichte vorherrschenden Gesamtinterpretation der Frankfurter Schule eine in vergleichbarer Weise zusammengemodelte Globalalternative entgegenzusetzen. Es geht vielmehr darum, eine differenziertere Betrachtungsweise zu gewinnen, die der Komplexität der Frankfurter Schule Rechnung trägt und auch den positiven Impulsen, die von ihr ausgehen könnten, gerecht

wird. Dementsprechend werden im folgenden Hauptteil die wichtigsten Repräsentanten der Frankfurter Schule in je einem eigenen Abschnitt behandelt, um ihren jeweiligen Besonderheiten gerecht zu werden.

Der letzte Hauptteil wird dann die Frage nach einer Konvergenz zwischen einer Reihe von Ansätzen der Frankfurter Schule und der christlichen Theologie stellen. Dabei wird unausgesprochen deutlich werden, daß die Art und Weise, wie die Frankfurter Schule bisher von einer Reihe von Theologen für ihre eigenen Intentionen in Anspruch genommen worden ist, in etwa auf der gleichen Stufe steht wie die pauschale Inanspruchnahme der Kritischen Theorie durch ideologische Systemveränderer. Eine solche Inanspruchnahme ist sicher möglich und läßt sich durch entsprechende Zitate rechtfertigen. Es stellt sich jedoch die Frage, ob damit die positiven Impulse Horkheimers und Adornos von der Theologie angemessen aufgenommen worden sind. Die Überlegungen werden zeigen, daß eine zukunftsweisende und hilfreiche Antwort auf die Herausforderung durch die Frankfurter Schule tiefer ansetzen und in einer anderen Weise erfolgen muß, als es bislang versucht worden ist.

II. Die Kritische Theorie als Menetekel der wissenschaftlich-technischen Welt

1. Der Aufweis der Eindimensionalität als Impuls für die „Große Weigerung“ (Herbert Marcuse)

Der Begriff der Eindimensionalität, der heute zur kritischen Kennzeichnung der wissenschaftlich-technisch gestalteten Welt weithin üblich geworden ist, geht auf eine Schrift von Herbert Marcuse zurück. Die Originalausgabe erschien 1964 unter dem Titel „One-Dimensional Man. Studies in the Ideology of Advanced Industrial Society“. Schon 1967 wurde diese Untersuchung unter dem Titel „Der eindimensionale Mensch – Studien zur Ideologie der fortgeschrittenen Industriegesellschaft“[27] auch dem deutschen Leser zugänglich.

In dieser Schrift stellt Marcuse die Frage, ob die Freiheitsforderungen, die am Anfang des modernen Europa standen und inzwischen in den meisten demokratischen Verfassungen der westlichen Industrienationen als Grundrechte verankert sind, die politisch-gesellschaftliche Wirklichkeit der Staaten des 20. Jahrhunderts prägen. Es geht also um die Frage, ob die politische Wirklichkeit dieser Staaten den Texten ihrer Verfassungen entspricht. Marcuse weist auf zahlreiche Symptome hin, die faktisch ein Nein bedeuten. Er spricht von einer „demokratischen Unfreiheit“, die in der fortgeschrittenen industriellen Zivilisation herrsche.[28] Diese Unfreiheit muß nach seiner Überzeugung in Zusammenhang gesehen werden mit dem technischen Fortschritt.

Diese Grundthese wird von Marcuse allerdings nicht systematisch entwickelt und wissenschaftlich abgesichert, sondern anhand verschiedener Symptome unter immer neuen Gesichtspunkten vorgetragen. In vieler Hinsicht haben die Darlegungen mehr den Charakter kritischer Meditationen als den einer wissenschaftlichen Untersuchung. Ihre Überzeugungskraft beruht mehr auf einem engagierten Mitvollzug durch den Leser als auf einer Gedankenführung im üblichen wissenschaftlichen Sinne. Die sprachliche Fassung ist eigenwillig und bereitet weithin Schwierigkeiten, sofern man den Text nicht nur als Arsenal wirkungsvoller Zitate betrachtet, sondern den Gedankengang insgesamt zu erfassen sucht.

Allerdings dürfen diese Schwierigkeiten nicht zu dem Trugschluß verleiten, den Darlegungen Marcuses fehle die innere Stimmigkeit und Überzeugungskraft. Immerhin hat diese schwer lesbare Schrift – unbeschadet der Frage, von wie vielen sie persönlich gelesen und verstanden wurde – eine erstaunlich große Auflagenhöhe erreicht und ist für viele zum Impuls politischer Aktionen geworden. Der Hintergrund, vor dem dieser Erfolg verständlich wird, ist die Entwicklung der „fortgeschrittenen Industriegesellschaft", deren im Alltag erfahrbare Realität in vieler Hinsicht die Darlegungen Herbert Marcuses bestätigte. Zur Verdeutlichung sei nur auf einige Grundtatsachen hingewiesen:[29]

Die fortgeschrittene Industriegesellschaft hat ihre besondere Prägung durch eine wissenschaftlich-technische Gestaltung nahezu aller Lebensbereiche. Diese Konzeption schließt eine Reihe von Vorentscheidungen ein, die im Laufe der Wissenschaftsgeschichte getroffen und vom Allgemeinbewußtsein akzeptiert worden sind. Die vielleicht wichtigste dieser Vorentscheidungen liegt in einer Grundüberzeugung, die in früheren Zeiten in den Satz zusammengefaßt wurde, daß „Gott die Welt nach Maß und Zahl geordnet" habe, das heißt in der Überzeugung, daß Mathematik der Schlüssel zum angemessenen Verständnis der Wirklichkeit sei.

Freilich wußte schon Platon, wie problematisch eine solche Vorentscheidung ist. Er orientierte zwar seine Ideenlehre an der Mathematik und suchte noch im hohen Alter die Ideen mit Zahlen und Zahlenverhältnissen gleichzusetzen, er erklärte jedoch unmißverständlich, daß man über die Geltung der Mathematik in der realen Welt wissenschaftlich nichts Sicheres sagen könne. Für ihn gehörte die Mathematik primär in das Reich der Ideen, von dem er freilich behauptete, daß es die eigentliche und darum beachtenswertere Wirklichkeit sei. Darüber, daß dies eine

Abwertung der vorgefundenen realen Welt bedeutet, wird in anderem Zusammenhang noch zu sprechen sein.
Die Spannung zwischen Mathematik und Wirklichkeit tritt überall in Erscheinung, wo reale Dinge mathematisch beschrieben werden. So sind zum Beispiel zwar alle rein mathematischen Kreise mit dem gleichen Radius absolut gleich, jedoch entspricht kein einziger realer Kreis voll und ganz den geometrischen Bedingungen eines Kreises. Jeder hat seine eigene „Unvollkommenheit", so daß kein einziger realer Kreis mit einem anderen realen Kreis völlig gleich ist. Die angewandte Mathematik, die reale Dinge mißt und zählt, ignoriert diesen Grundtatbestand. Sie geht so voran, als ob es auch in der Realität volle Gleichheit gäbe. So wird zum Beispiel im herkömmlichen Rechenunterricht betont, daß man nur Gleiches zu Gleichem hinzuzählen dürfe. Diese Anweisung verbietet es zum Beispiel, Äpfel und Pflaumen zusammenzuzählen. Sie läßt es jedoch unproblematisch erscheinen, vier Äpfel unter zwei Kinder zu verteilen und dergleichen mehr. Die überspielte Problematik solchen Vorgehens wird freilich deutlich, wenn einmal tatsächlich vier Äpfel unter zwei Kinder verteilt werden. Oft gibt es Enttäuschungen oder gar Streit, da reale Äpfel keineswegs gleich sind, sondern der eine Apfel größer oder schöner als der andere ist.
Das Problem, das sich hier zeigt, ist grundsätzlicher Art. Die Realität kennt keine absolut gleichen Dinge. Weder zwei Menschen, noch zwei Tiere, noch zwei Pflanzen, noch zwei Steine, ja nicht einmal zwei Atome der gleichen Art sind in jeder Hinsicht absolut gleich. Die Mathematik muß daher von der vollen Realität absehen und arbeitet mit abstrakten Begriffen, bzw. idealen Gegenständen. Der Apfel des überkommenen Rechenunterrichtes der Grundschule ist dementsprechend eher ein Apfel aus der Ideenwelt Platos, als ein Apfel aus einem irdischen Garten.
Somit bedeutet jede mathematische Erfassung realer Gegebenheiten ein Absehen von der Einmaligkeit und Besonderheit der wirklichen Gegenstände und eine Quantifizierung der Wirklichkeit. Diese Quantifizierung setzt eine Quantifizierbarkeit voraus. Daher haben die nach mathematischen Prinzipien arbeitenden Wissenschaften die Ten-

denz, alle qualitativen Kennzeichen der vorgefundenen Wirklichkeit auszuschalten, bzw. sie in quantitative „umzuwandeln". So werden zum Beispiel Farben als Licht verschiedener Wellenlänge und Töne als Schallwellen wissenschaftlich exakt erfaßt. Eine solche mathematische Erfassung ist in vielen Fällen aufschlußreich. Dennoch schließen die so gewonnenen Erkenntnisse zugleich ein Verkennen der Wirklichkeit ein. Die Wirklichkeit wird auf eine bestimmte mathematisch formulierbare Fragestellung hin reduziert. Wissenschaftliche Erkenntnisse können nur unter Bedingungen gewonnen werden, die mit einem Absehen von der vollen Wirklichkeit gleichbedeutend sind. Bezeichnenderweise schwindet bei der Erfassung in der Form von Lichtwellen zugleich mit den Farben auch das Bild und bei der Erfassung in der Form von Schallwellen mit den Tönen auch die Melodie.

Dazu kommt eine weitere Problematik: Die modernen Wissenschaften suchen jeweils nach konstanten Beziehungen zwischen den Erscheinungen der Wirklichkeit. Denn sie haben es darauf abgesehen, diese Beziehungen in Funktionsgleichungen mathematisch zu erfassen. Dabei müssen sie voraussetzen, daß sich Veränderungen in der Wirklichkeit gesetzmäßig vollziehen, bzw. daß sich die Wirklichkeit unter gleichen Bedingungen gleich verhält, so daß sie schließlich als ein großes Geflecht von Ursachen und Wirkungen angemessen beschrieben werden kann. Auch diese Voraussetzung entspricht genau genommen nicht der Wirklichkeit, wie wir sie vorfinden.

Grundsätzlich ist dem Menschen auch diese Differenz bekannt. Insbesondere weiß der moderne Naturwissenschaftler, daß es in vielen Bereichen unberechenbares Verhalten gibt. Er hat im Gegensatz zum Naturwissenschaftler des vorigen Jahrhunderts die Erkenntnis gewonnen, daß die klassischen Naturgesetze mit ihren exakten Feststellungen jeweils nur einen Grenzfall beschreiben. Ihre absolute Geltung wird letzten Endes nur vorgetäuscht. Genaugenommen formulieren sie nur eine statistische Wahrscheinlichkeit, die allerdings so groß ist, daß Abweichungen faktisch nicht zu erwarten sind.

Im Allgemeinbewußtsein besteht jedoch zwischen dem

wissenschaftlich-technischen „Weltbild“, das faktisch weiterhin an den klassischen Naturwissenschaften orientiert ist, und der realen Welt keine Differenz. Dieses falsche Bewußtsein wird ständig verstärkt, da die wissenschaftlich-technische Berechnung und Beherrschung der Welt eine Umgestaltung bedeutet. Durch diese Umgestaltung wird die Welt gewissermaßen im Nachhinein so gemacht, wie sie im Interesse einer mathematischen Berechenbarkeit und Beherrschbarkeit eigentlich sein sollte, bzw. als wünschenswert erscheint. In diesem Sinne kann die wissenschaftlich-technische Weltgestaltung als ein grandioser Versuch betrachtet werden, alle Vorgänge in den verschiedensten Bereichen der Wirklichkeit berechenbar zu machen und sie lebensdienlich zum Nutzen des Menschen umzugestalten und einzusetzen. Dieses Bestreben ist auch nach der grundsätzlichen „Überwindung“ des klassischen naturwissenschaftlichen Weltbildes wirksam geblieben und sichert eine beachtenswerte Kontinuität zwischen der Epoche der klassischen Naturwissenschaft und der heutigen modernen Welt.

Hieraus entsteht eine paradoxe Situation für den heutigen Menschen. Nicht nur die führenden Naturwissenschaftler, sondern jeder einigermaßen aufgeschlossene Mensch weiß – zumindest durch popularisierende Vermittlung der Massenmedien –, daß die klassischen Naturwissenschaften und ihr Weltbild nur ein Grenz- bzw. Sonderfall sind. Faktisch jedoch begegnet ihm in seinem Alltag, das heißt in seiner Erfahrungswelt, nur dieser auf Gesetzmäßigkeit und Quantität fixierte Grenz- und Sonderfall. Denn die auf Weltbeherrschung ausgerichtete wissenschaftlich-technische Intelligenz ist bestrebt, alles für sie nicht Erfaßbare, bzw. nicht Berechenbare als Störfaktor zu betrachten. Störfaktoren jedoch müssen nach Möglichkeit ausgeschaltet werden. Zu diesen Störfaktoren gehören insbesondere Freiheit und Individualität. Nur wenn es gelingt, sie unwirksam zu machen, läßt sich eine zuverlässige Berechnung erreichen. So konzentrieren sich die Bemühungen der wissenschaftlich-technischen Intelligenz darauf, spontanes Geschehen, das sich der Berechnung entzieht, nicht zum Zuge kommen zu lassen und die Besonderheit, bzw.

die Einmaligkeit der vorgefundenen Gegebenheiten durch eine künstliche Normierung zu beseitigen.
Diese Tendenz spiegelt sich schon in der Sprache wieder. Freiheit und Spontaneität erscheinen nicht primär als positive Kräfte, sondern man spricht je nach dem Zusammenhang von „Unschärfe", „Fehlertoleranz" oder „Unsicherheitsfaktoren", die es dann erforderlich machen, entsprechende Sicherheitsfaktoren in die Berechnungen einzubringen. Derartige Begriffe zeigen, daß man – und zwar durchaus mit Erfolg – bestrebt ist, alles Unberechenbare zu eliminieren und dadurch eine Berechenbarkeit zu gewährleisten, die genauso zuverlässig ist, wie wenn die Wirklichkeit selbst durch absolut gültige Naturgesetze beherrscht würde.
Eine der wichtigsten Maßnahmen, die eine Berechenbarkeit erleichtern und eine künstliche Zuverlässigkeit schaffen, ist die Normierung. Sie findet sich in nahezu allen Bereichen der modernen Welt. Da eine mathematische Erfassung von Erscheinungen Meßbarkeit und Gleichheit voraussetzt und da dic vorgefundene Wirklichkeit diese Bedingungen nicht erfüllt, gestaltet der moderne Mensch die vorgefundene Wirklichkeit durch Normierungen so um, daß sie dank dieser Eingriffe funktional berechenbar und zuverlässig wird. So entsteht mit den Fortschritten der Wissenschaften und der zu ihnen gehörenden Techniken eine von der natürlichen Welt unterschiedene genormte und berechenbare Welt.
Bezeichnenderweise beginnt die Normierung bereits beim Material und findet in Tausenden von Industrienormen ihren Ausdruck: Gewinde und Schraubenmuttern, Flaschenverschlüsse und Glühlampengewinde, Rasierklingen und Konservendosen, Autoreifen und Verkehrsschilder sind in der modernen Welt ohne Normierung, bzw. Standardisierung nicht denkbar. Aber auch die Höhe von Lichtschaltern und Klingeln, die Anordnung der Tasten der Schreibmaschinen, die Art der Zitierung bei wissenschaftlichen Veröffentlichungen und anderes sind normierungsbedürftig. Mit der Industrialisierung der landwirtschaftlichen Produktion hat die Normierung auch auf diesen Bereich übergegriffen. Auch Pflanzen und Tiere werden systema-

tisch auf bestimmte genormte Eigenschaften hin gezüchtet und in Güteklassen eingeordnet. Die Biotechnik ist bereits dabei, Klonverfahren zu entwickeln, die es ermöglichen sollen, genormte Höchstleistungstiere in Serienproduktion „herzustellen".

So wird die vorgefundene Wirklichkeit zunehmend umgestaltet, und es entsteht eine Welt, in der alles genormt und exakt berechenbar ist. Diese künstliche Welt ist vom Standpunkt der Wissenschaften aus die vollkommenere Welt, da in ihr die „Naturgesetze" und die übrigen mathematisch formulierten wissenschaftlich-technischen Feststellungen zuverlässiger als in der natürlichen Welt gelten. Was der Norm nicht entspricht, wird als minderwertiger und fehlerhafter „Ausschuß" betrachtet.

Es entspricht der Konsequenz des wissenschaftlich-technischen Systems, daß auch der Mensch selbst zum Objekt von Planungen, Verbesserungen und Normierungen wird. Er wird in Datenverarbeitungsanlagen und genormten Formblättern erfaßt. Seine jeweilige „Qualität" wird durch das Ausfüllen von Testbögen überprüft und von einer „objektiven" Bewertungsskala mit einem Punktesystem quantitativ formuliert. Er ist, wie es Helmut Schelsky pointiert formuliert hat, „als soziales und seelisches Wesen eine technisch-wissenschaftliche Aufgabe der Produktion geworden".[30] Mittel- und langfristige Planungen von Regierungen und übernationalen Organisationen, wie sie gang und gäbe geworden sind, müssen zwangsläufig auch den Menschen einbeziehen. Sie werden empfindlich gestört, wenn das Verhalten von Menschen den Planungen nicht entspricht. Das aber bedeutet, daß – zumindest vom Standpunkt zuverlässiger Planung her – freie Entscheidungen des Menschen, die nicht plankonform sind, nach Möglichkeit verhindert werden müssen. Da man zumindest in westlichen Industrienationen die Freiheit nicht durch unmittelbaren Zwang zu ersetzen wagt, dient ein System, das plankonformes Verhalten belohnt und planwidriges Verhalten einem höheren Risiko und möglichen Nachteilen anheim gibt, dazu, die Freiheit praktisch zu überspielen.

In dieser Struktur der wissenschaftlich-technisch gestalteten modernen Welt sieht Herbert Marcuse den Grund für die sich vergrößernde Kluft zwischen demokratischen Freiheitsforderungen auf der einen und politisch-gesellschaftlicher Wirklichkeit auf der anderen Seite. In der ihm eigenen Sprache stellt er fest: „Eine komfortable, reibungslose, vernünftige, demokratische Unfreiheit herrscht in der fortgeschrittenen industriellen Zivilisation, ein Zeichen technischen Fortschritts. In der Tat, was könnte rationaler sein, als die Unterdrückung der Individualität bei der Mechanisierung gesellschaftlich notwendiger, aber mühevoller Veranstaltungen; die Konzentration individueller Unternehmen zu wirksameren, produktiveren Verbänden; die Regulierung der freien Konkurrenz zwischen verschieden gut ausgestatteten ökonomischen Subjekten; die Beschneidung von Prärogativen und nationalen Hoheitsrechten, welche die internationale Organisation der Ressourcen behindern.“[31]

Wie solche Sätze zeigen, stellt Herbert Marcuse die moderne industrielle Zivilisation nicht primär unter dem marxistischen Gesichtspunkt eines kapitalistischen Wirtschaftssystems in Frage, sondern zielt auf ihre wissenschaftlich-technische Struktur ab. Allerdings leistet er dabei keine systematische Analyse des modernen Denkens und kennzeichnet den vollzogenen Bruch mit der vorausliegenden Vernunfttradition des Abendlandes nur unzureichend. Diese Unzulänglichkeit spiegelt sich etwa in folgenden Formulierungen wieder: „Die Rechte und Freiheiten, die zu Beginn und auf früheren Stufen der Industriegesellschaft einmal lebenswichtige Faktoren waren, weichen einer höheren Stufe der Gesellschaft; sie sind dabei, ihre traditionelle Vernunftbasis und ihren Inhalt zu verlieren.“[32]

Eine solche Feststellung ist unbefriedigend, da sie den qualitativen Wandel, der den Begriff der Vernunft selbst beim Übergang zum neuzeitlichen Denken erheblich verändert hat, nicht in die kritischen Überlegungen einbezieht.

Trotz solcher Unzulänglichkeiten erkennt und beschreibt Herbert Marcuse allerdings das Faktum des geradezu unwiderstehlichen vernünftigen Zwanges, der von dem gegenwärtigen System ausgeht, durchaus zutreffend, wenn er unter anderem schreibt: „Unter den Bedingungen des steigenden Lebensstandards erscheint die Nichtübereinstimmung mit dem System als solchem gesellschaftlich sinnlos und das um so mehr, wenn sie fühlbare wirtschaftliche und politische Nachteile im Gefolge hat und den glatten Ablauf des Ganzen bedroht ... In Folge der Art, wie sie ihre technische Basis organisiert hat, tendiert die gegenwärtige Industriegesellschaft zum Totalitären. Denn „totalitär" ist nicht nur eine terroristische politische Gleichschaltung der Gesellschaft, sondern auch eine nichtterroristische, ökonomisch-technische Gleichschaltung ... Nicht nur eine besondere Regierungsform oder Parteiherrschaft bewirkt Totalitarismus, sondern auch ein besonderes Produktions- und Verteilungssystem, das sich mit einem „Pluralismus" von Parteien, Zeitungen, „ausgleichenden Mächten" etc. durchaus verträgt".[33]

Im weiteren Verlauf seiner Darlegungen stellt Herbert Marcuse in Anlehnung an den Historischen Materialismus das wissenschaftlich-technische System der Abhängigkeit früherer Zeiten gegenüber. Dabei sucht er das Vergleichbare und das Unterscheidende herauszuarbeiten: „Bei allem Wechsel ist die Herrschaft des Menschen über den Menschen in der gesellschaftlichen Wirklichkeit noch immer das geschichtliche Kontinuum, das vortechnische und technische Vernunft verbindet. Jedoch ändert die Gesellschaft, welche die technische Umgestaltung der Natur entwirft und ausführt, die Basis der Herrschaft, indem sie allmählich die persönliche Abhängigkeit (des Sklaven vom Herrn, des Leibeigenen vom Grundherrn, des Herrn vom Lehnsherrn usw.) durch die Abhängigkeit von der ‚objektiven Ordnung der Dinge' (von ökonomischen Gesetzen, vom Markt usw.) ersetzt. Freilich ist die ‚objektive Ordnung der Dinge' selbst ein Resultat der Herrschaft."[34]

Der letzte dieser zitierten Sätze zeigt in aller Klarheit, daß Marcuse die Grundkonzeption und die Systemkonsequenz des funktionalen wissenschaftlich-technischen Denkens nicht voll begreift und sich eine genaue Analyse durch einen Rückgriff auf die marxistische Ideologie erspart. Tatsächlich ist die von ihm beschworene „objektive Ordnung der Dinge" weniger ein Resultat der Herrschaft als die Konsequenz einer intellektuellen Entscheidung zugunsten der Priorität eines spezifisch „vernünftigen" wissenschaft-

lichen Denkens gegenüber „irrationalen" religiösen und philosophischen Grundüberzeugungen.
Diese Entscheidung jedoch wurde gerade nicht von den damals Herrschenden getroffen, sondern unter Parolen wie „Wissenschaft", „Aufklärung" und „Fortschritt" von den mehr oder weniger bürgerlichen Intellektuellen erzwungen, wobei die marxistische Arbeiterschaft voll auf der Seite dieser Intellektuellen stand.[35] Schließlich hat weltgeschichtlich gerade der Marxismus als „wissenschaftliche Weltanschauung" das wissenschaftlich-technische Denken und die wissenschaftlich-technische Weltgestaltung in vieler Hinsicht zur Vollendung gebracht. Herbert Marcuse erspart sich die Frage, worin es letzten Endes begründet ist, daß die negativen Erscheinungen der modernen Industriegesellschaft gerade in den sozialistischen Industrienationen besonders deutlich hervortreten. Gerade hier zeigen sich, um eine von Marcuse vor allem auf die westlichen Industrienationen gemünzte Formulierung aufzunehmen, „die Grenzen dieser Rationalität und ihre unheilvolle Kraft ... in der fortschreitenden Versklavung des Menschen durch einen Produktionsapparat, der den Kampf ums Dasein verewigt und zu einem totalen, internationalen Kampf ausweitet, der das Leben jener zugrunde richtet, die diesen Apparat aufbauen und benutzen."[36]
Eine gewisse Inkonsequenz der Analyse, die mit einer marxistischen Voreingenommenheit gekoppelt ist, zeigt sich auch an zahlreichen anderen Stellen der Untersuchung Marcuses. So zieht er zwar aus seiner Beschreibung der fortgeschrittenen Industriegesellschaft durchaus überzeugend das Fazit, „daß etwas mit der Rationalität des Systems selbst nicht stimmen muß".[37] In der Begründung verfängt er sich jedoch wiederum in einer vom Historischen Materialismus vorgegebenen These, indem er erklärt: „Was nicht stimmt, ist die Weise, wie die Menschen ihre gesellschaftliche Arbeit organisiert haben."[38] Er spricht also allenfalls ein Symptom an, aber nicht den Kernpunkt der Fehlentwicklung.
Trotz seiner marxistischen Grundposition übersieht Herbert Marcuse freilich nicht den empirisch feststellbaren sy-

stemübergreifenden Charakter der Fehlentwicklung. Er konstatiert zwischen den konkurrierenden Systemen der heutigen Welt eine Konvergenz, da auf der einen Seite die großen Unternehmer der westlichen Industrienationen „selbst gewillt sind die Segnungen der freien Wirtschaft und der „freien“ Konkurrenz den Segnungen von Regierungsaufträgen und -regulierungen zu opfern, während auf der anderen Seite der sozialistische Aufbau weithin auf dem Wege fortschreitender Herrschaft vor sich geht.“[39] Wie Marcuse betont, verlangt „die falsche Organisation der Gesellschaft ... eine nähere Erklärung über die Lage der fortgeschrittenen Industriegesellschaft, in der die Integration der einst negativen und transzendierenden gesellschaftlichen Kräfte in das bestehende System eine neue Sozialstruktur herbeizuführen scheint.“[40]
Ohne die Gründe im einzelnen aufzudecken stellt Marcuse fest, daß in der heutigen modernen Welt eine Denk- und Verhaltensweise vorherrscht, „die nicht gewillt und vielleicht sogar außerstande ist, zu begreifen, was geschieht und warum es geschieht, eine Denk- und Verhaltensweise, die gegen jede andere als die bestehende Rationalität immun ist“.[41] Zusammenfassend fährt er fort: „In dem Maße, wie sie der gegebenen Wirklichkeit entsprechen, drücken Denken und Verhalten ein falsches Bewußtsein aus, das einer falschen Ordnung der Tatsachen genügt und zu ihr beiträgt. Und dieses falsche Bewußtsein hat sich im herrschenden technischen Apparat verkörpert, den es wiederum reproduziert.“[42] In den folgenden Darlegungen nennt Marcuse einige Symptome, die diesen Zustand und dieses falsche Bewußtsein repräsentieren: „Wir leben und sterben rational und produktiv. Wir wissen, daß Zerstörung der Preis des Fortschritts ist wie der Tod der Preis des Lebens, daß Versagung und Mühe die Vorbedingung für Genuß und Freude sind, daß die Geschäfte weitergehen müssen und die Alternativen utopisch sind.“[43] Schließlich unterstreicht er die Zusammengehörigkeit von gegenwärtiger Gesellschaftsorganisation und falschem Bewußtsein: „Diese Ideologie gehört zum bestehenden Gesellschaftsapparat; sie ist für ein beständiges Funktionieren erforderlich und ein Teil seiner Rationalität.“[44]

Trotz derartiger Feststellungen gelingt Marcuse keine wirkliche Klärung der inneren Zusammenhänge. Manche seiner Formulierungen scheinen zunächst direkt auf springende Punkte hinzuweisen. So bezeichnet er zum Beispiel als Ergebnis der Rationalisierung den höheren Lebensstandard und unterstreicht zugleich: „Gleichzeitig und aus demselben Grunde produzierte dieses rationale Unternehmen ein Denk- und Verhaltensschema, das die zerstörerischsten und grausamsten Züge dieses Unternehmens rechtfertigte und sogar freisprach. Wissenschaftlich-technische Rationalität und Manipulation werden zu neuen Formen sozialer Kontrolle zusammengeschweißt. Kann man bei der Annahme stehen bleiben, daß diese nichtwissenschaftliche Folge das Ergebnis einer spezifischen gesellschaftlichen Anwendung der Wissenschaft ist? Ich bin der Ansicht, daß die allgemeine Richtung, in der sie angewandt wurde, der reinen Wissenschaft bereits innewohnte, als noch gar keine praktischen Zwecke beabsichtigt waren, und daß der Punkt festgestellt werden kann, an dem theoretische Vernunft in gesellschaftliche Praxis übergeht."[45]
Die nachfolgenden Darlegungen gehen jedoch haarscharf an dem wirklich entscheidenden Punkt vorbei. Marcuse behauptet einerseits, daß „die Rationalität reiner Wissenschaft wertfrei" sei, und bezeichnet diese Wertfreiheit ausdrücklich als „ein positives Merkmal".[46] Andererseits jedoch gibt er, wenn auch nicht ohne Zögern, den sicher allenfalls rein formal wertfreien „inneren Instrumentalismus der wissenschaftlichen Rationalität" zu[47], und weist sogar ausdrücklich auf die Problematik der offensichtlich nicht wertfreien Quantifizierung hin.
Die Konsequenzen solcher Feststellungen werden jedoch von ihm nicht gezogen, ja sie werden sogar bewußt abgelehnt: „Die vorangehende Diskussion scheint nicht nur auf die inneren Schranken und Vorurteile der naturwissenschaftlichen Methode zu verweisen, sondern auch auf ihre geschichtliche Subjektivität. Sie scheint überdies ein Bedürfnis nach einer Art „qualitativer Physik", nach Wiederbelebung teleologischer Philosophien usw. zu implizieren. Ich gebe zu, daß dieser Verdacht berechtigt ist, kann aber an dieser Stelle nur versichern, daß derart obskurantisti-

sche Ideen nicht beabsichtigt sind."[48] Eine solche Versicherung erweckt den Eindruck, als bekomme Marcuse Angst vor seiner eigenen Courage und scheue sich, befangen in wissenschaftstheoretischen Tabus, seine Ansätze konsequent weiterzudenken. An die Stelle unerschrockenen Denkens tritt ein emotionales Zurückschrecken und eine Abwertung möglicher, ja tatsächlich notwendiger Konsequenzen seines eigenen Ansatzes als „obskurantistische Ideen".

So gerät Marcuse als Folge seiner Inkonsequenz bei seinen Überlegungen in Ungereimtheiten und Widersprüche. Er legt einerseits dar, wie wenig die wissenschaftlich-technische Weltgestaltung tatsächlich Humanität fördert, versichert jedoch andererseits, daß sie auf Humanität abziele. Damit proklamiert er einen inneren Widerspruch zwischen Zielrichtung und Folge technisch-rationaler Weltgestaltung und stellt fest: „Der Apparat vereitelt jedoch seinen eigenen Zweck, sofern es sein Zweck ist, ein humanes Dasein auf der Basis einer humanisierten Natur herbeizuführen."[49] Zur Erklärung dieser inneren Widersprüchlichkeit bemüht er die Dynamik der Dialektik, die in der geschichtlichen Entwicklung wirksam sei, und versichert: „Seit Anbeginn ist das Negative im Positiven enthalten, das Inhumane in der Humanisierung, Versklavung in der Befreiung."[50]

In Folge der Verkennung des inneren Zusammenhanges zwischen wissenschaftlicher Rationalität und gesellschaftlicher Inhumanität hält Marcuse trotz seiner umfassenden Kritik an einer überholten Fortschrittsgläubigkeit fest. Er verbindet seine weithin zutreffende Beschreibung der modernen Gesellschaft mit der von Marx, bzw. Lenin übernommenen illusionären Erwartung, daß ein zentralisierter Produktionsapparat „im Hinblick auf die Befriedigung der notwendigen Bedürfnisse organisiert und dirigiert werden" könne, in einer Weise, in der „eine derartige Kontrolle ... individuelle Autonomie nicht verhindern, sondern ermöglichen" würde.[51] In einer unaufhebbaren Spannung zu seiner kritischen Analyse äußert er die unkritische Hoffnung, „die technologischen Prozesse der Mechanisierung und Standardisierung könnten individuelle Energie

für ein noch unbekanntes Reich der Freiheit jenseits der Notwendigkeit freigeben".[52]
Diese Aufgabe weist er der Politik zu. Sie ist nach seiner Überzeugung jene Subjektivität, „die das Telos, die Zwecke bereitstellt".[53] Er versichert: „Beim Aufbau der technologischen Wirklichkeit gibt es nicht so etwas wie eine rein rationale wissenschaftliche Ordnung; der Prozeß technologischer Rationalität ist ein politischer Prozeß."[54]
Da die Hoffnungen und Erwartungen Marcuses jedoch der Konsequenz seiner eigenen Analysen letztlich widersprechen, vermag er trotz dieses Verweises auf die Politik kein politisches Programm und keinen Entwurf einer künftigen besseren Gesellschaft vorzulegen. Daß er dieses Unvermögen ausdrücklich eingesteht, kann bei wohlwollender Betrachtung als Redlichkeit bezeichnet werden. Daß er jedoch statt eines positiven Impulses eine Negation der bestehenden Gesellschaft „als die reine Form der Negation"[55] proklamiert, läßt sich nur als Unverfrorenheit und Verantwortungslosigkeit bezeichnen. Für Marcuse jedoch ist diese reine Negation sein ausschließliches politisches Programm. Es ist ein Programm ohne positiv formulierbaren Inhalt. Unmißverständlich bekennt er: „Aller Inhalt scheint auf die eine abstrakte Forderung nach dem Ende der Herrschaft reduziert ..."[56]
Des in vieler Hinsicht makabren Charakters seines Programmes ist sich Marcuse selbst offensichtlich nicht bewußt. Daß reine Negation zunächst unvernünftig erscheinen muß, leugnet er allerdings nicht. Er gesteht sogar ausdrücklich zu, daß diese Reaktion um so mehr zu erwarten ist, da „das bestehende System seine Produktivität entwikkelt und die Last des Lebens erleichtert".[57] Marcuse bestreitet also nicht, daß das von ihm kritisch beschriebene und emotional abgelehnte System auch seine positive Bedeutung für die Gestaltung des menschlichen Lebens hat. Daher erhält seine Negation den Charakter der „Weigerung". Marcuse zitiert als sein eigenes Bekenntnis und zugleich als Programm derer, die sich ihm anschließen, einige Sätze von Maurice Blanchot: „Was wir ablehnen ist keineswegs ohne Wert und ohne Bedeutung; deshalb eben ist Weigerung notwendig. Es gibt eine Vernunft, die wir

nicht mehr akzeptieren, es gibt eine Erscheinung von Weisheit, die uns in Schrecken versetzt, es gibt ein Angebot, sich zu einigen und zu arrangieren, auf das wir nicht hören. Ein Bruch ist vollzogen. Wir sind zu einer klaren Entscheidung gedrängt, die jede Komplizenschaft ablehnt."[58]

Allerdings sieht Marcuse keine Chance, eine Mehrheit für sein destruktives Programm der Großen Weigerung zu gewinnen. Diese Erkenntnis veranlaßt ihn jedoch nicht, mit der Verwirklichung vorerst zu warten. Sie drängt ihn vielmehr, die Durchführung seiner Negation nicht mit den bisher anerkannten politischen Methoden anzustreben. Unverblümt erklärt er: „Die totalitären Tendenzen der eindimensionalen Gesellschaft machen die traditionellen Mittel und Wege des Protestes unwirksam – vielleicht sogar gefährlich, weil sie an der Illusion der Volkssouveränität festhalten."[59] Nach dieser Absage an die demokratische Grundidee der Volkssouveränität und an eine legale politische Willensbildung verweist er auf nichtintegrierte Minderheiten. In ihnen sieht er die einzige Hoffnung für die von ihm proklamierte radikale Änderung: „Unter der konservativen Volksbasis befindet sich jedoch das Substrat der Geächteten und Außenseiter: die Ausgebeuteten und Verfolgten anderer Rassen und anderer Farben, die Arbeitslosen und die Arbeitsunfähigen. Sie existieren außerhalb des demokratischen Prozesses; ihr Leben bedarf am unmittelbarsten und realsten der Abschaffung unerträglicher Verhältnisse und Institutionen. Damit ist ihre Opposition revolutionär ..."[60]

Herbert Marcuse schließt seine Gedanken mit den pathetischen Sätzen: „Die kritische Theorie der Gesellschaft besitzt keine Begriffe, die die Kluft zwischen dem Gegenwärtigen und seiner Zukunft überbrücken können; indem sie nichts verspricht und keinen Erfolg zeigt, bleibt sie negativ. Damit will sie jenen die Treue halten, die ohne Hoffnung ihr Leben der Großen Weigerung hingegeben haben und hingeben."[61]

Angesichts solcher Formulierungen beriefen sich in den sechziger Jahren gerade die nicht nur demonstrierenden, sondern auch randalierenden Studentengruppen auf Herbert Marcuse. Sie waren es, die selbst ohne positive Zielsetzung zum Kampfe gegen das herrschende „Unterdrükkungssystem" antraten. Das Scheitern dieser Bewegung bedeutete zugleich das politische Scheitern Herbert Marcuses. Mit einer reinen Negation und einer Großen Weigerung läßt sich offensichtlich Zukunft nicht gestalten. Die geschichtliche Erfahrung der Menschheit zeigt, daß reine Anarchisten und Chaoten – das gilt sogar für jene, die aus subjektiv edler Gesinnung handelten – niemals etwas Gutes im Sinne ihrer Zielsetzung erreicht haben. Entweder gingen sie ohne geschichtliche Wirkung unter, oder aber ihre Wirkungen kamen letzten Endes anderen zugute. Hierin liegt auch die Tragik aller „idealistischen" Linksradikalen, die einen Sozialismus mit menschlichem Antlitz erstreben, deren Wirken jedoch faktisch zumeist den Vertretern jenes realen Sozialismus zugute kommt, dessen Antlitz durchaus nicht durch Humanität gekennzeichnet ist.

Versucht man eine Gesamtwürdigung von Herbert Marcuse, so sei zunächst an die schon zitierten Sätze von Johannes Hollenbach erinnert, mit denen er zur Zeit der großen Studentenrevolte, dessen systemübergreifende Bedeutung würdigte: „Seine Kritik trifft das technologische Denksystem als Ganzes, ganz gleich, welche politische Ausprägung es in Ost oder West findet. Seine Kritik trifft die verhängnisvollen Folgen des positivistisch und behavioristisch verkürzten Denkens und Sprechens, das sich darin als fortschrittlich gibt, daß es gegenüber jeder Wertordnung „neutral" zu sein behauptet und gerade dadurch einer schleichenden Versklavung der Individuen die Wege bereitet. Nur ist diese Verklavung gegenüber der früheren nicht mehr so handgreiflich, weil sie als Fortschritt der „Wissenschaft" und als „notwendige Folge der Technisierung" hingenommen werden muß."[62]

Ergänzend dazu muß jedoch nunmehr festgestellt werden, daß Herbert Marcuse seine Analyse nicht konsequent zu Ende geführt, sondern mit willkürlichen Inkonsequenzen versetzt hat. Vor allem jedoch ist er es gewesen, der einen destruktiven Aktionismus nicht nur auslöste, sondern zum Programm erhob. Dieser Vorwurf bleibt trotz seiner späteren Versicherung bestehen, daß er die im Laufe der Studentenrevolte erfolgte „mutwillige Zerstörung von Büchern, aber auch Gewaltanwendung gegen gewaltlose Personen“ als widerwärtig empfinde.[63] Schon die Tatsache, daß er in diesem Zusammenhang auch von „Entartung“ sprach, zeigt allzu deutlich, daß er dem Grundsatz der Gewaltanwendung durchaus keine Absage zu erteilen trachtete.

In seinen späteren Schriften hat Marcuse die Auffassungen, die er in seinem „Eindimensionalen Menschen“ entwickelt hat, zwar in mancher Hinsicht ausgeweitet und vertieft, jedoch keine grundlegend neuen Gedanken vorgelegt. Insbesondere hat er den inneren Widerspruch nicht gelöst, der ihn einerseits zu einer radikalen Ablehnung der bestehenden wissenschaftlich-technisch gestalteten Welt drängte, jedoch andererseits auch erklären ließ, „daß Wissenschaft und Technologie die großen Vehikel der Befreiung“ seien.[64]

Angesichts des Mißerfolges aller Versuche, revolutionäre Kräfte zu mobilisieren, versichert Marcuse schließlich mit Bedauern, daß die Neigung zur Stützung des Bestehenden tief bis in Triebstruktur des heutigen Menschen hinein verankert sei. Trotzdem glaubt Marcuse weiterhin an eine „Befreiung“ und fordert Veränderungen in dieser Dimension, „das heißt andere Triebbedürfnisse, andere Reaktionen des Körpers wie des Geistes“[65]. In einem am Historischen Materialismus orientierten Optimismus proklamiert er die Heraufkunft eines neuen Menschen: „Wir haben ja hier und heute ein geschichtliches Novum, insofern die technische und wissenschaftliche Entwicklung der Produktivität eine Stufe erreicht hat, an der dieser neue Mensch nicht mehr eine Sache der mehr oder weniger willkürlichen Spekulation ist, sondern – ich möchte beinahe sagen – aus dem Stand der Produktivkräfte abgeleitet werden kann.“[66]

Solche Bemerkungen deuten darauf hin, daß Marcuse mit zunehmenden Alter die Bezogenheit auf die realen Verhältnisse und Möglichkeiten vollends verloren hat. Während das Programm der „Großen Weigerung“ sich wenigstens negativ noch auf Realität bezog, tendieren die späte-

ren Veröffentlichungen zu Forderungen, die zumindest in irdischen Bereichen schlechthin nicht realisierbar erscheinen, bis hin zu dem Gedanken, daß man vielleicht einmal verhindern könne, „daß der große Fisch den kleinen frißt ... wenn nämlich der große Fisch genug Nahrung hat, so daß er den kleinen nicht braucht".[67]
So sehr solche Hoffnungen Sympathien verdienten, wenn sie als prophetische Verheißungen bzw. eschatologische Erwartungen geäußert würden, so eindeutig signalisieren sie den Verlust jedes Realitätsbezugs, da Marcuse auch seine „Idee der Befriedung der Natur" ausdrücklich als eine „geschichtliche" proklamiert.[68] Ein derartiges Hinübergleiten in das Wirklichkeitsferne macht es verständlich, daß sich Herbert Marcuse als kritischer Denker bereits vor seinem Tode selbst überlebt hatte.

2. Der Nachweis der Orientierungslosigkeit der Gegenwart als Herausforderung an die Politik (Jürgen Habermas)

Jürgen Habermas, der wichtigste Repräsentant der jüngeren Generation der Frankfurter Schule, stimmt in der grundsätzlichen Analyse weitgehend mit Herbert Marcuse überein. Seine wissenschaftstheoretischen Überlegungen sind jedoch in vieler Hinsicht klarer durchdacht. Vor allem jedoch hat er trotz seiner grundsätzlichen Übereinstimmung eine andere Akzentuierung herausgearbeitet. Er macht darauf aufmerksam, daß es in früheren Zeiten eine Theorie gegeben hat, die geistig umfassender war als das moderne Denken. Sie ging als Kosmologie von einem idealen Zusammenhang der Welt aus und sah die Welt insgesamt als Einheit an. Daher konnte sie in der kosmischen Ordnung zugleich den „Prototyp für die Ordnung der Menschenwelt" erkennen. Wie Habermas herausarbeitet, war sie auf diese Weise imstande, zugleich „Orientierung des Handelns" zu sein.[69]
Mit diesen Feststellungen verweist Jürgen Habermas auf die alte mythische Rechtfertigung von Herrschaft und ebenso auf die philosophische Tradition des Abendlandes,

derzufolge die seinsgerechte Gestaltung der politisch-sozialen Ordnung als die jeweils angemessene Ordnung erscheint und dementsprechend das seinsgerechte Handeln als das richtige Handeln gilt. Habermas stellt heraus, daß die mythischen, religiösen und metaphysischen Weltbilder der Vergangenheit eine anerkannte und verbindliche Antwort gaben „auf die zentralen Menschheitsprobleme des Zusammenlebens und der individuellen Lebensgeschichte".[70] Denn ihre Themen waren diesen Fragen zugewandt: „Gerechtigkeit und Freiheit, Gewalt und Unterdrückung, Glück und Befriedigung, Elend und Tod".[71]
Von dieser alten umfassenden Theorie, die in der Lage war, Herrschaft zu legitimieren und eine Zielorientierung für die Politik zu gewährleisten, unterscheidet Habermas die heute herrschende Rationalität. Sie zielt auf eine technische Verfügung ab und muß dementsprechend einem Handeln zugeordnet werden, das jeweils Herrschaft „über Natur oder Gesellschaft impliziert".[72] Damit spricht Habermas die wissenschaftlich-technische Rationalität an, ohne jedoch dabei zu berücksichtigen, daß sie ihrer eigenen Konsequenz entsprechend auf optimales Funktionieren vorprogrammiert ist. Diese Programmierung jedoch bedeutet eine Zielorientierung eigener Art. Von alten Zielorientierungen unterscheidet sie sich dadurch grundlegend, daß es bei ihr nicht um bestimmte Inhalte politischer oder persönlicher Lebensentscheidungen und -gestaltungen, sondern um eine formale Perfektion des Ablaufes geht. Um diese Perfektion sicher zu stellen, bedarf es einer umfassenden Planung und ständiger Kontrollen; denn nur so läßt sich ein störungsfreier Ablauf gewährleisten.
Dieser Zusammenhang wird von Jürgen Habermas nicht geklärt und dargelegt. Er setzt ihn jedoch offensichtlich voraus, indem er zutreffend bemerkt: „Zweckrationales Handeln ist seiner Struktur nach die Ausübung von Kontrolle. Deshalb ist die „Rationalisierung" von Lebensverhältnissen nach Maßgabe dieser Rationalität gleichbedeutend mit der Institutionalisierung einer Herrschaft, die als politische unkenntlich wird".[73] Mit diesem letzten Hinweis zielt Habermas auf die „Vernünftigkeit" der Gestaltung

unserer modernen Industriewelt ab, wie sie in vergleichbarer Weise auch von Herbert Marcuse beschrieben worden ist. Die Regelung der gesamten Lebensverhältnisse in der modernen Gesellschaft erscheint ja dem Einzelnen, sogar wenn er nach „dem Staat“ ruft, zumeist nicht als „politische Herrschaft“, sondern eher als eine notwendige soziale Sicherung und vernünftige Ordnung der Lebensverhältnisse. In diesem Sinne stellt Habermas fest: „Die technische Vernunft eines gesellschaftlichen Systems zweckrationalen Handelns gibt ihren politischen Inhalt nicht preis.“[74]
Diese Feststellung gilt nach Überzeugung von Habermas insbesondere, „soweit die Staatstätigkeit auf Stabilität und Wachstum des Wirtschaftssystems gerichtet ist“.[75] Politik nehme dann „einen eigentümlich negativen Charakter an“.[76] Sie ist mit der Beseitigung von Störungen – man denke an Energieengpässe, Inflation, Export- oder Importüberschüsse, Arbeitslosigkeit oder auch Facharbeitermangel – beschäftigt. Die politischen Maßnahmen, die in solchen Situationen notwendig sind, ergeben sich dann weniger aus einem im vollen Sinne politischen Gestaltungswillen, als vielmehr aus reiner Sachgerechtigkeit. Politik ist „nicht an der Verwirklichung praktischer Ziele, sondern an der Lösung technischer Fragen orientiert“.[77] Wie Habermas darlegt, ergibt sich dadurch eine Lage „in der die Entwicklung des gesellschaftlichen Systems durch die Logik des wissenschaftlich-technischen Fortschritts bestimmt zu sein scheint. Die immanente Gesetzlichkeit dieses Fortschritts scheint die Sachzwänge zu produzieren, denen eine funktionalen Bedürfnissen gehorchende Politik folgen muß.“[78]
Damit wird ein Zusammenwirken der Menschen im Sinne politischen Handelns scheinbar überflüssig. Seitdem die Politik auf die Beseitigung von Dysfunktionalitäten, bzw. die Lösung technischer Probleme fixiert ist, werden in zunehmendem Maße die Fragen überspielt „die allein der demokratischen Willensbildung zugänglich wären.“[79]
Denn „die Lösung technischer Aufgaben ist auf öffentliche Diskussionen nicht angewiesen.“[80] Daher wird, wie Habermas feststellt, mit der Ausschaltung der praktischen Fragen „auch die politische Öffentlichkeit funktionslos“.[81]

Dabei ist besonders bedenklich, daß die Verdrängung politischen Handelns kaum erkannt wird. Die Beseitigung von Dysfunktionalitäten wird im Allgemeinbewußtsein vielmehr ebenso als eine Aufgabe politischen Handelns betrachtet wie die Sorge für Gerechtigkeit und andere Aufgaben der überkommenen Politik. Im Bewußtsein der Menschen verschwindet somit „die Differenz zwischen zweckrationalem Handeln und Interaktion".[82] Jürgen Habermas versichert angesichts dieses Vorgangs: „Die ideologische Kraft des technokratischen Bewußtseins bewährt sich an der Verschleierung dieser Differenz."[83]

Mit der Fixierung der Politik auf die Beseitigung von Dysfunktionalitäten und mit der entsprechenden Bewußtseinsänderung hat die wissenschaftlich-technische Gestaltung der Welt ein Stadium erreicht, in dem eine „technokratisierte Verwaltung der industriellen Gesellschaft ... jede demokratische Willensbildung gegenstandslos"[84] macht. Jürgen Habermas zitiert als Kronzeugen für diesen Vorgang eine Bemerkung Helmut Schelskys, der versichert, daß „an die Stelle eines politischen Volkswillens ... die Sachgerechtigkeit" trete, „die der Mensch als Wissenschaft und Arbeit selbst produziert".[85]

So eindrucksvoll Habermas das gegenwärtige Bewußtsein beklagt, das sich damit abfindet, daß sich Politik mehr oder weniger darauf beschränkt, den Gang der technokratisch reglementierten Gesellschaftsmechanerie vor Störungen zu sichern, so wenig macht er sich Gedanken über den Zusammenhang zwischen diesem Bewußtsein und der weltanschaulichen Situation unserer Gesellschaft. Da unsere Gesellschaft weltanschaulich pluralistisch ist, jedoch das Problem ihres Pluralismus entschärft, bzw. negativ löst, indem sie religiöse und philosophische Grundüberzeugungen und die ihnen gemäßen Lebensgestaltungen zunehmend aus dem politischen in den privaten Raum abdrängt, bleibt mit gewisser Zwangsläufigkeit als einziges von allen weltanschaulichen Gruppen einmütig anerkanntes politisches Ziel das optimale Funktionieren der Gesellschaftsorganisation selbst.[86] Dies gilt um so mehr, da im gesellschaftlichen Bereich die Wissenschaft die Rolle der Religion als höchste Autorität übernommen hat. Eindrucksvolles Dokument dafür sind die zahlreichen wissenschaftlichen Expertenausschüsse, deren Gutachten heute eine ähnliche Rolle spielen wie in früheren Zeiten die Weisungen kirchlicher Autoritäten. Die Anerkennung des wissenschaftlich-technischen Denkens als höchste Form aufgeklärter Rationalität tendiert nach Eliminierung bzw. Privatisierung religiöser Impulse zwangsläufig zu einer Zielorientierung im Sinne eines funktionalen Optimismus, das heißt zu einer Gesellschaft, deren Gestaltung vermeintlichen Sachzwängen unterliegt.

Da Habermas sich weder über die innere Logik zweckrationaler Systemkonsequenz, noch über die besondere Art des Pluralismus unserer Gesellschaft weitere Gedanken macht, glaubt er das gegenwärtige Dilemma zureichend zu charakterisieren, wenn er beklagt, daß in unserer gegenwärtigen Gesellschaft einerseits das zweckrationale Handeln im höchsten Maße entwickelt ist, andererseits jedoch die Zielorientierung einer rationalen Entscheidung entzogen wird. Er betont, „daß zwei Begriffe von Rationalisierung auseinandergehalten werden müssen".[87] Eine Rationalität, die als zweckrationales Handeln im Sinne wissenschaftlich-technischen Fortschritts gekennzeichnet werden kann, und eine Rationalität, die sich „im Medium der sprachlich vermittelten Interaktion selber" zu bewähren hat, indem sie „über die Angemessenheit und Wünschbarkeit von handlungsorientierenden Grundsätzen und Normen"[88] entscheidet. In der heutigen Industriegesellschaft sei nur die erste dieser beiden Formen der Rationalität entwickelt; die zweite dagegen, die der Politik im ursprünglichen Sinne zugeordnet ist, sei faktisch verkümmert, ja noch schlimmer: „Die Dimension, in der die handelnden Subjekte über Ziele und Zwecke sich rational verständigen könnten, wird so der Finsternis der bloßen Dezision zwischen verdinglichen Wertordnungen und uneinsichtigen Glaubensmächten überantwortet."[89]

Diese Feststellung von Habermas enthält einen positiven Impuls und eine negative Abgrenzung: Habermas will sich nicht damit abfinden, daß die gesamte Gesellschaftsmaschine letzten Endes in einem sinnlosen Leerlauf dahinklappert, sondern strebt eine Verständigung über Ziel und

Sinn des Ganzen an. Diesen positiven Impuls verbindet er mit einer Absage an eine „bloße Dezision zwischen verdinglichten Wertordnungen und uneinsichtigen Glaubensmächten". Schon die sprachliche Formulierung dieser Absage signalisiert emotionale Befangenheit. Wahrscheinlich ist diese Befangenheit auch der tiefere Grund dafür, daß Habermas dem gegenwärtigen Pluralismus der Gesellschaft und der Möglichkeit einer positiven Nutzung der darin verborgenen Kräfte keine angemessene Beachtung schenkt.

Bei seinen Überlegungen trifft sich Habermas in einer Zwischenbilanz zunächst wieder mit Herbert Marcuse. Wie bei Herbert Marcuse schließlich die Politik als jene „Subjektivität, die das Telos, die Zwecke bereitstellt", erscheint[90], so erklärt Habermas: „Unser Problem läßt sich dann als eine Frage nach dem Verhältnis von Technik und Demokratie stellen: wie kann die Gewalt technischer Verfügung in den Konsens handelnder und verhandelnder Bürger zurückgeholt werden?"[91]

Im Gegensatz zu Herbert Marcuse sucht Jürgen Habermas die politische Lösung jedoch nicht durch die Radikalkur einer Großen Weigerung, bzw. durch einen Aufruf an revolutionäre Minderheiten. Er bemüht sich vielmehr um eine evolutionäre Umgestaltung und versichert: „Die Irrationalität der Herrschaft, die heute zu einer kollektiven Lebensgefahr geworden ist, könnte nur durch eine politische Willensbildung bezwungen werden, die sich an das Prinzip allgemeiner und herrschaftsfreier Diskussionen bindet. Rationalisierung der Herrschaft dürfen wir nur erhoffen von Verhältnissen, die die politische Macht eines an Dialoge gebundenen Denkens begünstigen."[92] Nach der Konzeption von Habermas soll also der politische Volkswille nicht durch Sachgesetzlichkeit ersetzt oder überspielt werden, sondern die Subjekte der Politik sollen im herrschaftsfreien Dialog klären und entscheiden, nach welchen Grundsätzen und Normen und zu welchen Zielen und Zwecken die wissenschaftlich-technischen Möglichkeiten jeweils eingesetzt werden.

Der herrschaftsfreie Dialog ist für Habermas somit die Form politischer Willensbildung, die den gegenwärtigen

kritischen Zustand überwinden und eine neue übergreifende Zielorientierung ermöglichen soll. Allerdings weiß auch Habermas, daß in der konkreten Wirklichkeit ein herrschaftsfreier Dialog nur selten zustande kommt. In einem eigenen Kapitel bemüht er sich, die verschiedenen Bestimmungen einer idealen Sprechsituation herauszuarbeiten, da nur in einer solchen Situation ein wahrer Konsens zustande kommen kann, der politisch tragfähig ist. Habermas schreibt in diesem Zusammenhang unter anderem: „Ideal nennen wir im Hinblick auf die Unterscheidung des wahren vom falschen Konsensus eine Sprechsituation, in der die Kommunikation nicht nur nicht durch äußere kontingente Einwirkungen, sondern auch nicht durch Zwänge behindert wird, die aus der Struktur der Kommunikation selbst sich ergeben.“[93] Nach der Überzeugung von Habermas setzt eine ideale Sprechsituation nicht nur eine formale Chancengleichheit während des Gespräches voraus, sondern wird auch von der gesamten Lebenssituation der Sprechenden mitgeprägt. Er muß zugestehen, daß eine solche wirklich herrschaftsfreie Dialogsituation in der Realität faktisch nie gegeben ist.
Habermas findet sich jedoch mit diesen Schwierigkeiten nicht ab, sondern versichert: „Gleichwohl gehört es zur Struktur möglicher Rede, daß wir im Vollzug der Sprechakte (und der Handlungen) kontrafaktisch so tun, als sei die ideale Sprechsituation (oder das Modell reinen kommunikativen Handelns) nicht bloß fiktiv, sondern wirklich.“[94] Mit diesem an sich richtigem Hinweis löst Habermas jedoch das Problem nicht, da eine kontrafaktische Unterstellung die faktische Situation nicht grundlegend verändert. Offensichtlich sieht auch Habermas diese Schwierigkeit. Er gesteht ausdrücklich zu, daß eine Änderung letzten Endes „nur durch eine höhere Reflexionsstufe, ein in der Emanzipation fortschreitendes Bewußtsein handelnder Menschen“ erreicht werden könne.[95] Durch dieses Eingeständnis erweist sich der von Habermas geforderte herrschaftsfreie Dialog zur Zielorientierung der Gesellschaft nochmals als unrealisierbar; er setzt die Schaffung utopischer Verhältnisse und höher entwikkelter Menschen voraus.

Daß Habermas keinen gangbaren Weg in die Zukunft zu weisen vermag, hat seinen Grund nicht zuletzt darin, daß er trotz zahlreicher treffender Bemerkungen keinen klaren Aufweis erbringt, wie es in der abendländischen Geistes- und Wissenschaftsgeschichte dahin gekommen ist, daß zweckrationales Handeln eine derart beherrschende und problematische Stellung gewinnt. Es ist dies letzten Endes der gleiche Punkt, an dem auch Herbert Marcuse bei seinem Versuch, das Verhältnis von wissenschaftlicher Rationalität und gesellschaftlicher Inhumanität zu klären, scheitert. Zur Verdeutlichung muß auf diesen wichtigen Punkt kurz eingegangen werden. Es handelt sich um die idealistische Akzentuierung und funktionale Programmierung rationalen Denkens seit der Begründung der klassischen Naturwissenschaften.

Diesen Vorgang hat Carl Friedrich von Weizsäcker in einer eindrucksvollen Weise charakterisiert. Er schreibt: „Galilei tat seinen großen Schritt, indem er wagte, die Welt so zu beschreiben, wie wir sie nicht erfahren. Er stellte Gesetze auf, die in der Form, in der er sie aussprach, niemals in der wirklichen Erfahrung gelten, und die darum niemals durch irgend eine einzelne Beobachtung bestätigt werden können, die aber dafür mathematisch einfach sind. So öffnete er den Weg für eine mathematische Analyse, die die Komplexheit der wirklichen Erscheinungen in einzelne Elemente zerlegt. Das wissenschaftliche Experiment unterscheidet sich von der Alltagserscheinung dadurch, daß es von einer mathematischen Theorie geleitet ist, die eine Frage stellt und fähig ist, die Antwort zu deuten. So verwandelt es die gegebene „Natur“ in eine manipulierbare Realität ... Galilei zerlegt die Natur, lehrt uns, neue Erscheinungen willentlich hervorzubringen und den gesunden Menschenverstand durch Mathematik zu widerlegen. So sagt zum Beispiel Aristoteles, daß schwere Körper schnell fallen, leichte Körper langsam und ganz leichte sogar aufsteigen. Dieses ist genau, was die Erfahrung jeden Tages uns lehrt: Der Stein fällt schnell, das Blatt Papier langsam, die Flamme steigt auf. Galilei behauptet, alle Körper fielen mit gleicher Beschleunigung und müßten deshalb nach gleicher Zeit gleiche Geschwindigkeit erlangt haben. In der alltäglichen Erfahrung ist dieser Satz einfach falsch. Galilei fährt fort: Im Vakuum würden sich die Körper aber in der Tat so verhalten. Er stellt also die Hypothese auf, es könne ein Vakuum, einen leeren Raum geben, wieder im Widerspruch nicht nur zur Philosophie des Aristoteles, sondern auch zur Erfahrung jeden Tags."[96]

Diese Ausführung Carl Friedrich von Weizsäckers kennzeichnet alle klassischen Naturgesetze: Sie gelten jeweils nur unter sogenannten idealen Bedingungen. Zu diesen idealen Bedingungen gehören einerseits ideale Gegebenheiten, die sich, wie bereits im einzelnen dargelegt wurde, mathematisch voll erfassen lassen, und andererseits eine künstlich isolierte Konstellation, in der außer den in dem betreffenden Naturgesetz selbst formulierten Beziehungen keinerlei Kräfte wirksam sind. Diese idealen Bedingungen sind jedoch faktisch nicht einmal im Experiment herstellbar, ja es läßt sich nicht einmal entscheiden, ob sie auch nur prinzipiell realisierbar sind. In diesem Zusammenhang sei im Hinblick auf das von Carl Friedrich von Weizsäcker angeführte Beispiel daran erinnert, daß die meisten Physiker heute die Überzeugung vertreten, daß es einen absolut leeren Raum - also eine der Vorbedingungen für die Geltung von Galileis Fallgesetzen - grundsätzlich nicht geben könne, da Raum stets nur im Zusammenhang mit Materie bestehe.

Die klassischen Naturwissenschaften erweisen sich somit nicht zuletzt darin als Nachfahren des platonischen Idealismus, als ihre Aussagen sich genaugenommen nicht auf die Realität beziehen, sondern nur in einem jenseits aller Realität liegenden Bereich idealer Bedingungen volle Gültigkeit beanspruchen können. Indem diese Bedingungen als „ideal" erklärt werden, wird jedoch zugleich das wissenschaftlich Formulierte zum Maßstab der Realität erhoben. Es wird nicht zugegeben, daß die Naturgesetze zur Erfassung der Realität unzulänglich sind, sondern es wird statt dessen unterstellt, daß die Wirklichkeit, insofern sie diesen Gesetzen nicht voll entspricht, unzulänglich sei. Wie bereits bei den Überlegungen zu Marcuse dargelegt wurde und wie später bei Adorno weiter auszuführen ist,

wird so das wissenschaftlich Berechnete zur Norm, an der die Wirklichkeit gemessen, nach der die Wirklichkeit umgestaltet und derzufolge die Wirklichkeit verkannt wird. Dieser Verkennung der Wirklichkeit ist nicht zuletzt dadurch Tür und Tor geöffnet, daß die neuen Wissenschaften nach deren Wesen, Eigenart und Sinn grundsätzlich nicht mehr fragen. Repräsentativ für diese Änderung, Einschränkung, bzw Programmierung der wissenschaftlichen Fragestellung sind einige oft zitierte Sätze am Ende des dritten Buches von Newtons bahnbrechendem Werk „Die mathematischen Prinzipien der Naturlehre". Newton schreibt hier: „Ich habe noch nicht dahin gelangen können, aus den Erscheinungen den Grund dieser Eigenschaften der Schwere abzuleiten, und Hypothesen erdenke ich nicht. Alles nämlich, was nicht aus den Erscheinungen folgt, ist eine Hypothese, und Hypothesen ... dürfen nicht in die Experimentalphysik aufgenommen werden ... Es genügt, daß die Schwere existiere, daß sie nach den von uns dargelegten Gesetzen wirke und daß sie alle Bewegungen der Himmelskörper und des Meeres zu erklären im Stande sei."[97]
Obgleich diese Sätze mit einem „noch nicht" beginnen, dokumentiert sich hier eine entscheidende Verlagerung des forschenden und darüber hinaus des geistigen Interesses überhaupt. Denn dieses „noch nicht" in Verbindung mit der oft zitierten Absage an alle Hypothesen wurde in der Geschichte der Wissenschaften tatsächlich zu einem endgültigen Verzicht. Nachdem die klassischen Naturwissenschaften einmal ihren Siegeszug angetreten und eine vorher unvorstellbare Beherrschung der Natur eingeleitet hatten, dachten sie nicht mehr daran, die Frage nach dem Eigenwert, dem Wesen oder dem Sinn der Erscheinungen wieder aufzunehmen, sondern konzentrierten sich allein auf die Erforschung der gesetzmäßigen Wirkweise der Kräfte der Natur, das heißt auf die mathematischen Formeln, mit deren Hilfe man Veränderungen nach Ursachen und Wirkungen berechnen kann und mit deren Hilfe vor allem eine zweckdienliche Umgestaltung der Wirklichkeit möglich ist.
Diese Wissenschaften neuer Art, die auf zweckrationales Handeln im Sinne der wissenschaftlich-technischen Ver-

nunft und auf die Herrschaft des Menschen programmiert sind, wurden zunächst als unproblematisch empfunden. Dies ist um so verständlicher, da sie sich anfangs primär der Erforschung und Beherrschung der unbelebten Bereiche der Wirklichkeit zuwandten. Angesichts ihrer eindrucksvollen Erfolge auf diesem Gebiet wurde die von ihnen entwickelte methodische Konzeption jedoch schon bald zum Vorbild für alle Wissenschaften schlechthin. Das bedeutet, daß die ursprünglich für die Berechnung und Beherrschung der unbelebten Bereiche der Wirklichkeit entwickelten Grundsätze und Methoden nunmehr auf alle Erscheinungen der Wirklichkeit Anwendung fanden. Ihren Höhepunkt erreichte diese Tendenz in der Wissenschaftskonzeption Auguste Comtes, der alle Wissenschaften – von der Mathematik bis zur Soziologie, die er selbst Sozialphysik nannte – in ein festes System brachte, das in vieler Hinsicht bis heute als repräsentativ für die Wissenschaften gelten kann. Der von ihm grundgelegte sogenannte Positivismus beherrscht in der Form des Neopositivismus auch heute noch das Denken zahlreicher führender Intellektueller.

In dieser Konzeption, die sich auf die Erfassung funktionaler Zusammenhänge beschränkt, liegt eine immanente Tendenz zur Inhumanität. Zur Verdeutlichung sei zunächst darauf hingewiesen, daß jeder, der sich Gedanken über das Wesen, den Eigenwert und den Sinn der Welt und ihrer einzelnen Erscheinungen macht, damit zugleich einen Maßstab für die Art und Weise gewinnt, wie er mit den einzelnen Dingen in legitimer Weise umgehen darf. Er hat dadurch ein Gegengewicht gegen die Versuchung, in freier Beliebigkeit über die Dinge zu verfügen, bzw. sie allein unter funktionalen Gesichtspunkten zu betrachten und einzusetzen. Diese Schranke fällt jedoch weg, wenn die Wissenschaft eine Konzeption erhält, die die Frage nach Eigenwert, Wesen und Sinn der Gegebenheiten, die sie zu „Objekten“ der Forschung macht, grundsätzlich nicht stellt und sich allein auf die Erforschung funktionaler Zusammenhänge konzentriert, um durch deren Kenntnis zweckdienliche Umgestaltungen vorzunehmen.

Natürlich werden Positivisten und Neopositivisten nicht müde zu beteuern, daß die Wissenschaft wertneutral sei, daß es demzufolge nur auf ihre gute oder schlechte Anwendung ankomme.[98] Gegenüber dieser wissenschaftstheoretischen Ahnungslosigkeit muß mit Nachdruck darauf hingewiesen werden, daß die so konzipierten Wissenschaften in sich selbst eine Eigentendenz zur Inhumanität haben. Diese Wissenschaften sind nicht wie ein Instrument, das entweder gut oder schlecht angewandt werden kann, sondern sie haben infolge ihrer Vorprogrammierung eine eigene Dynamik: Sie drängen zu einer immer perfekteren Erfassung der Wirklichkeit. Diese Erfassung ist jedoch kein wertfreier Vorgang. Denn im Zuge der wissenschaftlichen Forschung – also nicht erst bei der technischen Anwendung – erweisen sich Experimente als wünschenswert und „nötig", die faktisch eine Vernichtung, Denaturierung oder Pervertierung der „Forschungsobjekte" bedeuten.

Wie bereits erwähnt wurde, blieb dieses Problem zunächst verborgen, da sich die Forschung anfangs im rein physikalischen Bereich bewegte und da man hier von der Voraussetzung ausging, daß der Mensch mit unbelebten Gegenständen beliebig umgehen dürfe. Bei der Erforschung des Lebendigen erhob sich jedoch schon bald die Frage, ob der Mensch ermächtigt ist, mit Lebendigem, insbesondere mit Tieren, beliebig zu experimentieren, ohne Rücksicht darauf, welche Qualen er diesen seinen „Forschungsobjekten" zufügt. In den letzten Jahrzehnten ist außerdem deutlich geworden, daß die immanente Konsequenz wissenschaftlicher Forschung noch weit über diese problematischen Vorgänge hinausdrängt. Manche Forschungsprogramme lassen sich nur durchführen, wenn Menschen für entsprechende Experimente zur Verfügung stehen. Die „ideale Forschungssituation" ist erst dann erreicht, wenn ohne Rücksicht auf die Versuchsobjekte vorgegangen werden kann. Derart „ideale" Möglichkeiten boten sich der medizinischen Forschung im Dritten Reich. Auf begründeten Antrag hin erhielten Forscher für geplante Versuche Häftlinge „zur Verfügung gestellt".[99] Auch heute noch wird in zahlreichen Ländern mit Häftlingen experimentiert. Daß es sich dabei nicht um ein Problem handelt, das nur in bestimmten politischen Systemen auftritt, zeigt sich unübersehbar, wenn man sich vor Augen hält, welche inhumanen Praktiken sich bei der „Verwendung“ des bei Abtreibungen anfallenden „Embryomaterials“ breitmachen.[100] Die Wissenschaft drängt dazu, über ihre Objekte absolut zu verfügen.

Vergleichbares gilt für den Bereich der Sozialwissenschaften. Es sollte hellhörig machen, daß der Begriff des Experimentes, der ursprünglich in den Naturwissenschaften entwickelt worden ist, heute auch im gesamten Sozialbereich gang und gäbe ist. Man spricht von Experimenten und Versuchen auf nahezu allen Gebieten, vom Bildungswesen angefangen bis hin zu den Einrichtungen der Kranken- und Altersversorgung. Es ist vielen Verantwortlichen offensichtlich kaum bewußt, daß hier mit Menschen experimentiert wird und daß demzufolge mißglückte Versuche Menschen gefährden, schädigen, ja im Extremfall physisch oder psychisch zu Grunde richten. Auch hier sind Menschen zu Objekten wissenschaftlich geplanter und begleiteter Experimente gemacht worden.[101]

Aus diesen Überlegungen wird deutlich, daß es keineswegs genügt, unter Beibehaltung der herrschenden Wissenschaftskonzeption durch herrschaftsfreien Dialog eine Zielorientierung zu gewinnen, sondern daß es darum geht, diese Wissenschaftskonzeption selbst zu ändern, bzw. ihre Reduktion auf das Funktionale zu überwinden. Es muß ins Bewußtsein gerufen werden, daß es die Wissenschaften nicht mit einer abstrakten Welt von Ideen zu tun haben, sondern mit einer konkreten Wirklichkeit, die einen Eigenwert hat, so daß sich beim Umgang mit ihr die Frage der Angemessenheit stellt. Es geht um den angemessenen Umgang mit einer Wirklichkeit, die dem Menschen ausgeliefert ist, die von ihm mißachtet, mißbraucht und vernichtet werden kann. Dies gilt gewiß in höchstem Maße für den Menschen selbst. Eine analoge Frage stellt sich jedoch auch bei der Behandlung des Tieres und der Pflanzen und bei der Gestaltung der Landschaft.

Angesichts dieser Notwendigkeiten reicht eine reine Verfahrenstechnik wie der herrschaftsfreie Dialog nicht aus, die gegenwärtigen Probleme zu lösen. Obgleich Jürgen Habermas – insbesondere bei seinen Auseinandersetzungen mit Luhmann – zwischen seiner Konzeption und einer sozialtechnologischen Systemtheorie zu unterscheiden sucht, können auch seine Vorschläge bestenfalls formale Verbesserungen von Herrschafts- und Gesellschaftsstrukturen bewirken. Dagegen vermag eine herrschaftsfreie Diskussion über wünschenswerte Ziele, selbst wenn sie gelänge, das zweckrationale System als solches nicht zu sprengen.

Diese Feststellung wird bestätigt, wenn man nach den Impulsen fragt, die von Habermas tatsächlich ausgegangen sind. Dabei handelt es sich vor allem um den Versuch einer „Demokratisierung" in möglichst allen Bereichen der Gesellschaft. Schon allein die Tatsache, daß die Demokratisierungstendenzen fast ausschließlich im Hochschulwesen zu tatsächlichen Veränderungen der Organisationsstrukturen geführt haben, sollte hellhörig machen. Im übrigen wurden in der Anfangsphase bei konsequenter Durchführung zumeist Gremien geschaffen, die einen so hohen Grad an Aufwand, insbesondere an Zeit, für die Meinungs- und Willensbildung erforderten, daß sie tatsächlich wenig praktikabel waren. Vor allem aber kam der von Habermas geforderte herrschaftsfreie Dialog und schließlich Konsens kaum je zustande. Stattdessen gab es eine von Pressionen, Kampfabstimmungen und taktischen Kompromissen geprägte endlose Diskussion um die Zusammensetzung von Gremien, um Geschäftsordnungen und Verfahrenstechniken, um Personalfragen und allgemeine Grundsätze.

Was für die Universitäten gilt, gilt in noch höherem Maße für die Gesamtgesellschaft. Trotz aller Demokratisierungsforderungen und -bestrebungen läßt sich ein grundlegender Wandel zum besseren im Sinne der Grundforderung von Habermas nirgends feststellen. Zu einem Konsens über neue Zielorientierungen in unserer heutigen Gesellschaft ist es auch nicht annähernd gekommen. Einziges Ergebnis sind gewisse formale Verbesserungen innerhalb bestimmter Bereiche der Herrschafts- und Gesellschaftsstruktur. Selbst bei diesen Veränderungen besteht in der positiven Einschätzung keine volle Einmütigkeit. Eindeu-

tig ist jedoch, daß es sich hierbei um durchaus systemkonforme und nicht um im qualitativen Sinne systemverändernde Maßnahmen handelt.
Schließlich kann die Etablierung von Habermas als Direktor am Max-Planck-Institut zur Erforschung der Lebensbedingungen in der wissenschaftlich-technischen Welt - bzw. späterhin für Sozialwissenschaften - geradezu als exemplarisch dafür betrachtet werden, daß sich seine Vorschläge ohne allzu große Schwierigkeiten und ohne grundlegende Änderungen der bisherigen Entwicklungstendenzen in das herrschende System bzw. seine Institutionen einbeziehen lassen. Im übrigen hat Habermas bei dieser seiner Tätigkeit auch persönlich den Beweis erbracht, wie utopisch seine Forderungen sind: Nicht einmal in einer gesellschaftlich so anerkannten und mit Finanzmitteln gut ausgestatteten Einrichtung wie einem Max-Planck-Institut gelang es ihm, durch herrschaftsfreien Dialog einen Konsens und eine Zielorientierung zu gewinnen. Grollend zog er sich schließlich zurück.
Diese Feststellung darf freilich nicht dazu verführen, die Leistungen von Jürgen Habermas zu unterschätzen. Dies gilt nicht nur für seine Beiträge zur allgemeinen wissenschaftstheoretischen Diskussion, sondern auch für seine grundlegenden systemkritischen Überlegungen. Immerhin hat er durchaus überzeugend auf den Mangel an Zielorientierung in unserer Gesellschaft aufmerksam gemacht und verdeutlicht, daß ein reines Funktionieren einer technokratisch organisierten Mechanerie nicht nur ein absurdes Spektakel darstellt, sondern letzten Endes die Menschen selbst der Sinnlosigkeit und Orientierungslosigkeit preisgibt.

3. Negative Dialektik als Aufbruch zu einer neuen Humanität (Theodor W. Adorno)

Im Gegensatz zu Habermas erkennt Theodor W. Adorno, daß sich das Problem der Fehlentwicklung der wissenschaftlich-technischen Welt nicht durch zusätzliche Maßnahmen wie etwa einen herrschaftsfreien Dialog zur Zielorientierung lösen läßt, sondern daß eine radikale Neubesinnung notwendig ist. Sein Hauptwerk, die Negative Dialektik, ist allerdings in ihrem Grundanliegen bisher kaum aufgearbeitet worden. Schon ihre eigenwillige stilistische Gestaltung macht sie schwer lesbar. Hinzu kommt eine Begrifflichkeit, die sich nur aus der besonderen Bezogenheit der jeweiligen Begriffe auf die philosophische Tradition und der jeweiligen Stellungnahme Adornos zu dieser Tradition erschließt.

Adornos Hauptwerk ist eine Absage an das traditionelle abendländische Denken, soweit es vom Idealismus geprägt ist. Die Grundlüge des Idealismus besteht nach Adornos Überzeugung in der Auffassung, „in der Bewegung der Abstraktion werde man dessen ledig, wovon abstrahiert ist".[102] Demgegenüber weist er darauf hin, daß es kein absolutes Denken gibt, daß Denken vielmehr „dem eigentlichen Sinn nach Denken von etwas" ist. Er stellt fest: „Ratio wird irrational, wo sie das vergißt", indem sie „ihre Erzeugnisse, die Abstraktionen, wider den Sinn von Denken hypostasiert".[103]

Adorno macht mit Nachdruck geltend, daß die konkrete Wirklichkeit von einem abstrakten begrifflichen Denken nur unzureichend erfaßt wird. Jede konkrete Rose, jedes konkrete Pferd und insbesondere jeder konkrete Mensch hat eine Fülle Kennzeichen und Eigentümlichkeiten, die in den Begriffen Rose, Pferd und Mensch nicht enthalten sind. Unter Hinweis auf diese Differenz zwischen konkreter Wirklichkeit und Begriff betont Adorno, daß der Begriff „nicht ontologisch als das an sich Wahre" ausgegeben werden dürfe.[104] Damit bezieht er Stellung gegen die gesamte von Platon ausgehende Tradition, die den durch die Begriffe repräsentierten „Ideen" einen höheren Seinsgrad und Wahrheitsgehalt zuschrieb als den Gegebenheiten der realen Welt. Adorno ist sich dieser Herausforderung an die philosophische Tradition durchaus bewußt. „Grundphilosophie", wie sie im Abendland entwickelt und gepflegt worden ist, führt, wie er ausdrücklich schreibt, „notwendig den Primat des Begriffs mit sich",[105] wobei die Differenz zwischen dem Begriff und der Realität entweder vernachlässigt, bzw. überspielt oder gar der

Begriff als „Idee“ zum Richtmaß der Realität erhoben wird.
Demgegenüber will Adorno die Philosophie in eine andere Richtung weisen. Er erklärt programmatisch: „Philosophie hat, nach dem geschichtlichen Stande, ihr wahres Interesse dort, wo Hegel, einig mit der Tradition, sein Desinteressement bekundet: beim Begrifflosen, Einzelnen und Besonderen; bei dem, was seit Plato als vergänglich und unerheblich abgefertigt wurde und worauf Hegel das Etikett der faulen Existenz klebte. Ihr Thema wären die von ihr als kontingent zur quantité négligeable degradierten Qualitäten.“[106]
Trotz seiner grundlegenden Kritik nimmt Adorno bei seinen Überlegungen das tradierte Begriffssystem der Philosophie weithin als vorgegeben hin. Daher bezeichnet er das Individuelle und Besondere der Realität, also das, was nicht im Begriff enthalten und in diesem Sinne mit dem Begriff nicht identisch ist, vornehmlich als das „Nichtidentische“. Dementsprechend besteht für ihn „das Scharnier Negativer Dialektik“ darin, die „Richtung der Begrifflichkeit zu ändern, sie dem Nichtidentischen zuzukehren“.[107] Es geht um „die Entzauberung des Begriffs“ als „Gegengift der Philosophie“. Dieses Gegengift soll die Wucherung der überkommenen Philosophie verhindern, die darin besteht, „daß sie sich selbst zum Absoluten werde“.[108]
Positiv zielen die denkerischen Bemühungen Adornos ab auf eine größere Gerechtigkeit für „das von den Begriffen Unterdrückte, Mißachtete und Weggeworfene“.[109] Diese größere Gerechtigkeit hofft er zu schaffen, wenn er sich entgegen der bisherigen Tradition der konkreten Wirklichkeit gerade so zuwendet, daß ihre mit dem Begriff nicht faßbare, bzw. mit dem Begriff nicht identische konkrete Eigenart und Fülle im Blickpunkt steht. Er „will sagen, was etwas sei, während das Identitätsdenken sagt, worunter etwas fällt, wovon es Exemplar ist“.[110]
Wie Adorno herausarbeitet, beruht der Mangel bzw. die Einseitigkeit der abendländischen Philosophie auf der These, daß der Begriff mit dem Gegenstand zumindest im wesentlichen identisch und daß dementsprechend die jeweils unter den gleichen Begriff fallenden Gegenstände

im wesentlichen einander gleich seien. Polemisch formuliert er: „Identität ist die Urform der Ideologie.“[111] Bei seinen Überlegungen wendet sich Adorno in besonderer Schärfe gegen Hegel. Im Gegensatz zu ihm fordert er von dialektischer Erkenntnis, „der Inadäquanz von Gedanke und Sache nachzugehen“.[112] Erst dadurch käme „die durchweg mißbräuchliche Rede von der Wahrheit als dem Konkreten zu sich selbst“.[113] Worum es Adorno dabei geht, wird im nächsten Satz besonders deutlich: „Sie (= die Rede von der Wahrheit als dem Konkreten) nötigt das Denken vorm Kleinsten zu verweilen. Nicht über Konkretes ist zu philosophieren, vielmehr aus ihm heraus.“[114]

Bei diesen Überlegungen wird Adorno zutiefst von einem moralischen Impuls beherrscht. Es ist der Schock über die Massenvernichtungen, die von der Bürokratie des Dritten Reiches mit organisatorischer Perfektion in die Wege geleitet wurden. Es ist die furchtbare Erfahrung des Mordes „an Millionen durch Verwaltung“, wobei „in den Lagern nicht mehr das Individuum starb, sondern das Exemplar“.[115] Zur Verdeutlichung sei darauf hingewiesen, daß noch bei den Exekutionen der Französischen Revolution der Einzelne verdächtigt, verurteilt und hingerichtet wurde. Selbst in der Zeit des Terrors mit Massenhinrichtungen und Massenmorden richteten sich die Aktionen jeweils gegen Menschen, die zumindest als „verdächtig“ eingestuft wurden. In die Vernichtungslager des Dritten Reiches jedoch marschierten Kolonnen von Menschen, die allenfalls mit Nummern erfaßt waren. In Gaskammern zusammengepfercht wurden sie zu Tode gebracht, ohne daß jemand die Frage nach persönlicher Schuld auch nur gestellt hätte. Für die Organisatoren dieser Vernichtungsmechanerie war der einzelne nur noch Exemplar einer „Parasitenrasse“, deren Ausrottung nach den offiziellen Anweisungen „mit möglichst wenig Personal“ und „ohne unnütze Quälerei“ organisiert wurde.[116]

Angesichts der Toten von Auschwitz wehrt sich Adorno entschieden dagegen, den einzelnen Menschen ohne eigenes Recht dem großen Gang der Welt, bzw. dem allgemeinen Fortschreiten der Geschichte unterzuordnen. Er erkennt die Brutalität Hegels, der sich einst als Anwalt einer höheren Weltvernunft aufgespielt und belehrend erklärt hatte: „Dabei, daß einzelne Individuen gekränkt worden sind, kann die Vernunft nicht stehen bleiben; besondere Zwecke verlieren sich in dem Allgemeinen.“[117] Er spürt, daß es Zynismus wäre, wenn man im Hinblick auf Auschwitz unter Berufung auf Hegel versicherte: „Wir wissen, daß diese Dinge geschehen sind, und da sie geschehen sind, haben sie einen Sinn“, und womöglich hinzufügte: „wo nicht, so müssen wir ihnen einen geben“.[118] Es ist somit letzten Endes die Erfahrung der Geschichte, oder genauer gesagt, die Solidarität mit ihren Opfern, die nach der Überzeugung Adornos unausweichlich nötigt, die bisherige Metaphysik radikal in Frage zu stellen und sich dem von ihr vernachlässigten Konkreten in seiner jeweiligen Besonderheit zuzuwenden.

Mit seiner Forderung nach Gerechtigkeit für das von den Begriffen Unterdrückte, Mißachtete und Weggeworfene erhebt Adorno jedoch nicht nur Widerspruch gegen den Idealismus Platos und Hegels. Er weiß vielmehr, daß das wissenschaftlich-technische Denken der Neuzeit diesen Idealismus voraussetzt und eng mit ihm verbunden ist. Wie bereits bemerkt wurde, hat ja nicht nur Plato die Mathematik als Schlüssel zur Erkenntnis der Wahrheit betrachtet; es waren vielmehr die modernen Naturwissenschaften, die in ihrer Art und Weise diesen Grundgedanken aufnahmen und ihn nicht nur zur Interpretation, sondern darüber hinaus zur Veränderung der vorgefundenen Wirklichkeit einsetzten. Daher stellt Adorno fest: „Die szientifische Objektivierung neigt, einig mit der Quantifizierungstendenz aller Wissenschaft seit Descartes, dazu, die Qualitäten auszuschalten, in meßbare Bestimmungen zu verwandeln. Rationalität selbst wird in steigendem Maße more mathematico dem Vermögen der Quantifizierung gleichgesetzt.“[119]

Kritisch weist Adorno darauf hin, daß die Ausmerzung aller qualitativen Bestimmungen letzten Endes zu einem „unversöhnlichen Widerspruch zu der Objektivität“ geführt hat, „welcher sie Gewalt antat, indem sie sie zu begreifen vorgab“.[120] Zur Verdeutlichung sei an alles erinnert, was im Zusammenhang mit Marcuse über die Bewältigung der Welt durch Normierung und Planung gesagt wurde.

Die von Adorno proklamierte Wendung der Philosophie zum konkreten Einmaligen bedeutet zugleich einen Verzicht auf ein perfektes System wissenschaftlicher Welterklärung. Er fordert Abschied zu nehmen von dem Drang des Subjektes, alles „nach dem Maß seiner Absolutheit" zu messen.[121] Die Illusion der Philosophie, „sie könne das Wesen in die Endlichkeit ihrer Bestimmungen bannen, ist dranzugeben".[122]

Mit solchen Forderungen geht Aufklärung über ihr traditionelles Selbstverständnis hinaus. Wie Adorno schreibt, ist sie nunmehr „Entmythologisierung nicht mehr nur als reductio ad hominem, sondern auch umgekehrt als reductio hominis, als Einsicht in den Trug des zum Absoluten sich stilisierenden Subjektes".[123] In aller Schärfe formuliert Adorno: „Die metakritische Wendung gegen eine prima philosophia ist zugleich die gegen die Endlichkeit einer Philosophie, die über Unendlichkeit schwadroniert und sie nicht achtet. Erkenntnis hat keinen ihrer Gegenstände ganz inne. Sie soll nicht das Phantasma eines Ganzen bereiten."[124]

Mit der Anerkennung der Differenz zwischen Begriff und Gegenstand und mit der Forderung, philosophisch-wissenschaftliches Erkennen nicht auf die Begriffe zu fixieren, sondern sich den Gegenständen zuzuwenden, wird Philosophie zugleich von der „totalen Herrschaft von Methode" befreit.[125] Denn die Allgemeingültigkeit der Methode machte es bislang unmöglich, der jeweiligen konkreten Wirklichkeit in ihrer Einmaligkeit gerecht zu werden. Wie Adorno ausdrücklich betont, kommt durch die Befreiung von der totalen Herrschaft der Methode auch das korrektive „Moment des Spiels, das die Tradition ihrer Verwissenschaftlichung ihr austreiben möchte", in der Philosophie erneut zum Recht.[126] Allerdings kostet die Chance, die die neue Wende eröffnet, auch ihren Preis: Philosophie erhält eine Komponente des Wagnisses zurück. Adorno nimmt dieses Wagnis jedoch bewußt in Kauf. Er erteilt eine Absage dem „obstinaten Drang, lieber über die

Richtigkeit von Irrelevantem zu wachen, als über Relevantes, mit der Gefahr des Irrtums, nachzudenken".[127]

Nach Adornos Überzeugung hat die Klärung des Verhältnisses zwischen Begriff und Realität nicht zuletzt auch entscheidende Bedeutung für das Verständnis der modernen Industriegesellschaft. Das gegenwärtige Unbehagen an der Gesellschaft signalisiert nach seiner Auffassung auf einer anderen Ebene die Unzulänglichkeit idealistischer Philosophie und wissenschaftlich-technischer Weltgestaltung. Diesen Zusammenhang formuliert er in der These: „Was die Gesellschaft antagonistisch zerreißt, das herrschaftliche Prinzip, ist dasselbe, das, vergeistigt, die Differenz zwischen dem Begriff und dem ihm Unterworfenen zeitigt."[128]

Dabei sieht Adorno einen Zusammenhang zwischen dem Identitätsprinzip und dem Prinzip des Tauschs von Waren und Leistungen. Er schreibt, das Identitätsprinzip habe „am Tausch ... sein gesellschaftliches Modell; durch ihn werden nicht identische Einzelwesen und Leistungen kommensurabel, identisch. Die Ausbeutung des Prinzips (des Tausches) verhält die ganze Welt zum Identischen, zur Totalität".[129]

Im Zusammenhang damit betrachtet Adorno die ihrer selbst unbewußte Gesellschaft als das transzendentale Subjekt im Sinne Kants. Zur Erläuterung erklärt er: „Die Allgemeinheit des transzendentalen Subjektes aber ist die des Funktionszusammenhanges der Gesellschaft, eines Ganzen, das aus den Einzelspontanitäten und -qualitäten zusammenschießt, diese wiederum durchs nivellierende Tauschprinzip begrenzt und virtuell, als ohnmächtig vom Ganzen abhängig, ausschaltet."[130] Noch schärfer formuliert Adorno einige Jahre später in seinen „Dialektischen Epilegomena": „Ist die maßgebliche Struktur der Gesellschaft die Tauschform, so konstituiert deren Rationalität die Menschen; was sie für sich sind, was sie sich dünken, ist sekundär ... unter diesem Aspekt ist das transzendentale Subjekt ‚konstitutiv'."[131]

Anstelle dieser konstitutiven oder zumindest reglementierenden Beherrschung des einzelnen durch die sich ihrer selbst unbewußte Gesellschaft sollte das Ziel der Gesellschaft – entsprechend der Forderung Adornos, sich dem konkreten Einzelnen zuzuwenden – die „Negation des physischen Leidens noch des letzten ihrer Mitglieder, und der inwendigen Reflexionsformen jenes Leidens" sein.[132] Mit dieser Forderung wendet sich Adorno ebenso gegen Hegel, der angesichts des Leidens des Einzelnen das „höhere" Recht des Weltgeistes proklamiert, wie gegen Marx, der den Einzelnen dem Kollektiv unterordnet und preisgibt.

Daß sich Adorno in der Einschätzung der Bedeutung des einzelnen Menschen nicht nur von Hegel, sondern auch von Marx wesentlich unterscheidet, dokumentiert sich auch in der Art, wie er seine Ablehnung der Überbautheorie begründet. Zwar betont Adorno zunächst im Einklang mit Marx gegenüber Hegel: „Dialektik ist in den Sachen". Er fügt jedoch sogleich, Marx korrigierend, hinzu, daß es diese Dialektik „in den Sachen" nicht gäbe „ohne das Bewußtsein, das sie reflektiert".[133] Zur Begründung dieser ergänzenden Korrektur stellt er fest: „In einer schlechthin Einen, unterschiedslosen, totalen Materie wäre keine Dialektik."[134] Die marxistische Überbautheorie würde – so argumentiert Adorno – letzten Endes darauf hinauslaufen, daß das Denken abbildhaften Charakter bekäme; jedoch „abbildhaftes Denken wäre reflexionslos".[135] Adorno dagegen ermächtigt als zuständig für die notwendige Reflexion den Einzelnen zu eigenständigem kritischen Denken über die Entwicklung der gesellschaftlichen Basis. Er ist freilich davon überzeugt, daß die zur Macht gelangten marxistischen Materialisten gerade deshalb an der Überbautheorie festhalten, weil sie ein solches kritisches Denken des einzelnen nicht wollen. Reflexionslosigkeit liege in ihrem Interesse. Adorno betrachtet es als eine der wichtigsten Aufgaben seiner Kritischen Theorie, dem etablierten Marxismus entgegenzuarbeiten, der „zum Rückfall in die Barbarei" geworden sei.[136]

Obgleich sich Adorno in dieser und anderer Hinsicht vom Marxismus distanziert, bezeichnet er sich auch in der Negativen Dialektik weiterhin als „Materialisten". Dieses Selbstverständnis ergibt sich jedoch für ihn nicht einfach aus dem Weiterwirken seiner alten Sympathie für Marx. Es ist vielmehr primär die Folge einer begrifflichen Systemkonsequenz. Wie in anderem Zusammenhang schon angemerkt

wurde, bleibt Adorno trotz seiner radikalen Kritik an der überlieferten Philosophie der von Aristoteles grundgelegten Begrifflichkeit der Tradition verhaftet. Aristoteles jedoch hatte einst zwischen Form und Stoff unterschieden und am Beispiel eines Standbildes erklärt, daß die Form der allgemeinen Idee des Künstlers zugehöre und entspreche; dagegen würden die mit dieser allgemeinen Idee nicht vorgegebenen Besonderheiten des Standbildes durch Zufälligkeiten des Materials hervorgerufen. Diese Festlegung der Begriffe ist es, die Adorno respektiert, wenn er sich als Materialisten betrachtet und bezeichnet, da er für das Recht des konkreten Besonderen eintritt.
Indem er dem Begriffssystem des Aristoteles folgt, versichert Adorno, daß sich das je Konkrete und Besondere „als materiell oder als untrennbar fusioniert mit Materiellem" erweise.[137] In einer längeren, weithin gequälten Argumentation versucht er, diese Fixierung des Besonderen auf das Materielle abzustützen. Und doch scheint es ihm bei dieser Zuordnung nicht ganz wohl zu sein. Denn er schließt diese Darlegungen mit der geradezu entschuldigenden Erklärung, daß der Materialismus nicht „Dogma" sei.[138] Schließlich wendet er diese Feststellung auch ins Positive, indem er seinen Materialismus definiert als „Inbegriff der Kritik am Idealismus und an der Realität, für welche der Idealismus optiert, indem er sie verzerrt."[139] Aus solchen Sätzen geht hervor, daß der Materialismus der Negativen Dialektik nicht mit dem von Marx identisch ist. Es ist daher nicht angemessen, zusammen mit Adornos frühen Schriften auch die Negative Dialektik unter Hinweis auf das Bekenntnis zum „Materialismus" mit dem Etikett „Neomarxismus" zu versehen, wie das weithin üblich ist.
Wie sehr die Grundintention Adornos sich von der Hegels und von der Marx' unterscheidet, wird wohl am deutlichsten, wo er sich zum Problem der „Versöhnung" äußert. Der sich stets wiederholende Dreischritt der Dialektik: These – Antithese – Symthese = neue These – Antithese – Symthese = neue These usw. ist für Adorno Gegenstand kritischer Überlegungen. Nach seiner Überzeugung kann eine Dialektik, die ohne positive Bewertung des Konkreten und Besonderen in immer neuen Symthesen die jeweiligen Antithesen

in sich absorbiert, letzten Endes nicht Versöhnung bedeuten und bewirken: „Gerade das unersättliche Identitätsprinzip verewigt den Antagonismus, vermöge der Unterdrückung des Widersprechenden."[140]

Adorno wehrt sich gegen die Auffassung von Hegel und Marx, daß alles, was als These und Antithese in spätere Synthesen eingeht, seine Bedeutung allein darin habe, daß es zum Fortgang des Ganzen beiträgt. Stattdessen will er ihm sein eigenes Recht sichern. Schonungslos wirft er der Hegelschen und Marxschen Konzeption der Dialektik vor, daß sie die Versöhnung, die sie erreichen möchte, letzten Endes selbst hintertreibe. Er sieht bereits im Begriff und in der Theorie der „Entfremdung" die Gefahr einer Verwirrung und bemerkt: „Wäre das Fremde nicht länger verfemt, so wäre Verfremdung kaum mehr."[141]

Adorno seinerseits will als Versöhnung nur einen Zustand gelten lassen, in dem das Fremde nicht „mit philosophischem Imperialismus" vereinnahmt wird, sondern „in der gewährten Nähe das Ferne und Verschiedene bleibt, jenseits des Heterogenen wie des eigenen".[142] Versöhnung bedeutet für ihn die Anerkennung des jeweils konkreten Anderen als berechtigt und als zugehörig zum eigenen Glück. Denn das Existierende sei – hierin stimmt Adorno Hegel zu – „nicht schlechthin für sich, sondern in sich ein anderes und anderem verbunden".[143] Daher betrachtet Adorno einen dialektischen Prozeß, der sich alles einverleibt, als unduldsam und formuliert in der ihm eigenen sprachlichen Fassung: „Was nichts toleriert, das nicht wie es selber wäre, hintertreibt die Versöhnung, als welche es sich verkennt."[144]

Der Grundgedanke der Versöhnung, daß das Konkrete und Besondere nicht absorbiert werden dürfe, sondern bewahrt werden und bleiben solle, wird von Adorno in aller Konsequenz zu Ende gedacht. Daher trifft sich angesichts des Todes schließlich der für das Recht und das bleibende Bestehen des Konkreten, Einzelnen und Besonderen engagierte „Materialismus" Adornos für manchen vielleicht zunächst überraschend, jedoch für jeden, der bereit ist, den Gedankengängen Adornos zu folgen, durchaus konsequent mit einer Verheißung der Offenbarung: „Seine Sehnsucht wäre die Auferstehung des Fleisches."[145] Dieses Bekenntnis

Adornos erhält sein volles Gewicht, wenn man es auf dem Hintergrund jenes Impulses sieht, der am Ausgangspunkt seiner Überlegungen steht: der Solidarität mit jenen Menschen, die in Auschwitz und anderwärts in Tausenden von „Exemplaren" durch Verwaltung umgebracht und dann großenteils als Rohstoff für Industrie und Landwirtschaft „nutzbringend verwertet" wurden.

Die Frage nach dem Tod gehört zu den Kernfragen des letzten Teils der Negativen Dialektik. Daß sich der heutige Intellektuelle um wissenschaftliche Erklärungen für alle Vorgänge der Wirklichkeit bemüht, dagegen grundlegende metaphysische Fragen, wie die nach dem Tod, kaum konsequent stellt, führt Adorno auf einen Horror zurück, den die Menschen verdrängen, da er ihnen ansonsten „den Atem verschlüge".[146] Adorno seinerseits weicht weder der Frage nach dem Tode noch anderen metaphysischen Fragen aus. Er stellt sich zunächst der ungeschminkten Realität des Todes. In der Art und Weise, wie sich insbesondere der Alterstod im Zerfall des Menschen vorbereitet, erblickt er einen Hinweis darauf, daß er nicht nur scincn Leib trifft. Das Nachlassen der geistigen Fähigkeiten vor dem Tod legt nach Adornos Überzeugung den Schluß nahe, daß der Tod den ganzen Menschen radikal zerstört.

Dies ist jedoch nur die eine Seite des Gesamtproblems. Denn andererseits ist, wie Adorno ebenso entschieden erklärt, „der Gedanke, der Tod sei das schlechthin letzte, unausdenkbar".[147] Wenn der Tod unwiderruflich das letzte Wort hätte, dann würde er zu jenem Absoluten, das die Philosophie als absolutes Sein positiv zu fassen suchte. Es bliebe schlechthin nichts. Auch jeder Gedanke würde ins Leere gedacht. Keiner ließe sich mit Wahrheit sagen und denken: Denn auch die letzte Spur von allem, was je gedacht wurde, „verschlänge der absolute Tod".[148] Gegen diesen absoluten Tod spricht nach der Überzeugung Adornos nicht zuletzt die Erfahrung des Lebens selbst. Er versichert, es „könnte nichts als wahrhaft Lebendiges erfahren werden, was nicht auch ein dem Leben Transzendentes verhieße; darüber führt keine Anstrengung des Begriffs hinaus".[149]

So bleiben bei Adorno die Erfahrung der ungeschminkten Realität des Todes und die Erfahrung des eine Transzen-

denz verheißenden Lebens in einer inneren Spannung zueinander stehen, die er für nicht auflösbar hält. Er erklärt, der Gedanke des absoluten Todes widerstreite dem Denken kaum weniger als der Gedanke an Unsterblichkeit. Schließlich erklärt er lapidar: „Nichtgläubigkeit wäre so abgeschmackt wie Seinsgläubigkeit“.[150]
Indem Adorno das Dilemma zwischen Todeserfahrung und Lebensverheißung unerschrocken auszuhalten sucht, kommt er in den letzten Abschnitten seiner Negativen Dialektik immer wieder auf Transzendenz und Theologie zu sprechen. Eine eindeutige Absage erteilt er einer rein geistigen Vorstellung von Transzendenz und bezeichnet den Gedanken einer vom Leib unabhängigen bleibenden Existenz der Seele, wie er seit Plato von idealistischen Denkern vertreten wird, als „die ideologische Unwahrheit in der Konzeption von Transzendenz“.[151] Demgegenüber versichert er: „Hoffnung aber heftet sich ... an den verklärten Leib. Metaphysik will davon nichts hören, nicht mit Materiellem sich gemein machen ... Die christliche Dogmatik, welche die Erweckung der Seele mit der Auferstehung des Fleisches zusammendachte, war metaphysisch folgerechter, wenn man will: aufgeklärter als die spekulative Metaphysik.“[152]
Die zunächst im Hinblick auf den Menschen getroffene Feststellung, daß ein rein geistig-seelisches Weiterbestehen nach dem Tode eine ideologische Unwahrheit in der Konzeption von Transzendenz sei, bzw. seine kritische Skepsis gegenüber der Vorstellung rein geistigen Daseins, hat auch auf die Gottesfrage ihre Rückwirkungen. Er wendet sich gegen die „Hypostasis eines unkörperlichen und gleichwohl individuierten Geistes“ und versichert, individuelles Bewußtsein sei „ein Stück raumzeitlicher Welt“ und daher „losgelöst von der Körperwelt“ nicht vorstellbar.[153] Dabei macht er allerdings eine Einschränkung, indem er in diesen Satz die Worte „nach menschlichem Vermögen“ einfügt. Durch diesen Einschub läßt er die Frage nach Gott letzten Endes wieder offen. Denn auch die christliche Theologie, mit der er sich hier ins Gespräch begibt, behauptet ja keineswegs, daß Gott dem menschlichen Vorstellungsvermögen faßbar sei.
Am Schluß seiner Überlegungen stellt Adorno auch seine

eigene Negative Dialektik als ganze nochmals kritisch in Frage. Er erhebt gegen sie den gleichen Vorwurf wie gegen die Dialektik Hegels: „Dialektik ... möchte kein anderes neben sich haben; noch als Negative schleppt sie das Gebot der Ausschließlichkeit aus der Positiven, dem System, mit sich fort.“[154] In ihrer eigenen Weise erhebe auch sie Anspruch auf Absolutheit.

Dabei stellt sich für Adorno erneut die Frage nach Metaphysik. Kritisch fragt er „ob Metaphysik, als Wissen vom Absoluten, überhaupt möglich sei, ohne die Konstruktion absoluten Wissens“.[155] Als Warnung steht ihm Hegel vor Augen, der das denkerisch herausgearbeitete Absolute mit der Gottheit identifizierte und dadurch letzten Endes die Gottheit „an ihr endlich menschliches Modell“ kettete.[156] Demgegenüber scheint es Adorno nötig, das Absolute als „das Andere“, als ein dem menschlichen Denkzugriff „schlechthin Inkommensurables“ zu bezeichnen, das als ein solches jedoch vom Menschen gedacht werden könne.[157] Mit diesen Überlegungen setzt sich Adorno bewußt über das kantische „Verbot, das Absolute zu denken“ hinweg,[158] hält sich jedoch in voller Strenge an das Gebot des Dekalogs, sich von Gott kein Bild zu machen. Damit begibt er sich entschlossen in die Nähe der dogmatischen Tradition.

Adorno wendet sich nunmehr in aller Konsequenz nicht allein gegen eine Dialektik, wie sie von Hegel und Marx konzipiert wurde, sondern gegen jede Dialektik schlechthin, sofern diese, der ihr immanenten Tendenz folgend, den Anspruch auf Absolutheit erhebt. Er erklärt einerseits: „Ohne Identitätsthese ist Dialektik nicht das Ganze.“[159] Andererseits hält er jedoch daran fest, daß das Nichtidentische, das sich von keiner Dialektik fassen läßt, nicht abgewertet und vernachlässigt werden darf. Ja er versichert, daß letzten Endes das Nichtidentische das Absolute sei.[160] Wenn Negative Dialektik wirklich Anwalt des Rechtes des auch durch sie nicht faßbaren Nichtidentischen sein will, liegt es demzufolge, wie Adorno versichert, in ihrer „Bestimmung ..., daß sie sich nicht bei sich beruhigt, als wäre sie total“.[161] Die Absage an die Illusion, das Ganze darzustellen und zu erfassen, wird ihm schließlich zum positiven Impuls, die Dialektik selbst „in einem dialektischen Schritt zu verlassen“.[162]

Im letzten Kapitel seiner Negativen Dialektik sucht Adorno anzudeuten, was das bedeutet und was nach aller nunmehr zur letzten Konsequenz gezwungenen Kritik noch unter Metaphysik verstanden werden könne. Dabei grenzt er seine Überlegungen nach zwei Seiten ab. Einerseits stellt er fest: „Metaphysik ist, dem eigenen Begriff nach, möglich nicht als ein deduktiver Zusammenhang von Urteilen über Seiendes."[163] Andererseits zieht er jedoch auch die Grenze gegenüber der Gefahr des Abgleitens ins völlig Irrationale: „Genauso wenig kann sie nach dem Muster eines absolut Verschiedenen gedacht werden, das furchtbar des Denkens spottete."[164]

Nach diesen beiden negativen Abgrenzungen erklärt Adorno positiv, daß Metaphysik allein möglich wäre „als lesbare Konstellation von Seiendem. Von diesem empfinge sie den Stoff, ohne den sie nicht wäre, verklärte aber nicht das Dasein ihrer Elemente, sondern brächte sie zu einer Konfiguration, in der die Elemente zur Schrift zusammentreten ... die kleinsten innerweltlichen Züge hätten Relevanz fürs Absolute, denn der mikrologische Blick zertrümmert die Schalen des nach dem Maß des subsummierenden Oberbegriffs hilflos Vereinzelten und sprengt ... den Trug, es wäre bloß Exemplar".[165] Adorno schließt seine Überlegungen mit dem Satz: „Solches Denken ist solidarisch mit Metaphysik im Augenblick ihres Sturzes."[166] Es geht ihm also nicht um „Erfassung" der Wirklichkeit durch begriffliche Definitionen, bzw. ihre Unterwerfung unter allgemeine Kategorien, sondern um eine auf Sinnverständnis abzielende Deutung der Wirklichkeit durch die Hinwendung zu ihren konkreten Erscheinungen.

Wie bereits angedeutet wurde, bleibt Adorno über weite Strecken seiner Darlegungen den Begriffsstrukturen derer verhaftet, deren Konzeption er verwirft. Dadurch wird seine Kritik gegen seinen Willen in manchen Passagen von der gleichen Ungerechtigkeit geprägt, gegen die er sich wendet. Insbesondere bleibt der zentrale Begriff des Nichtidentischen weithin ebenso abstrakt wie die positiven Begriffe idealistischer Systeme. Daher vermag Adorno trotz seiner berechtigten Kritik am platonischen Idealismus und an der Mißachtung des „Begrifflosen, Einzelnen und Besonderen" durch Aristoteles das relative Recht dieser Denker, gegen die er argumentiert, nicht zu erkennen.

Tatsächlich jedoch sind die Überlegungen Platos oder auch des Aristoteles in ihrem Ansatz keineswegs so verfehlt, wie es bei einem Nachvollzug der Gedanken Adornos zunächst scheinen könnte. Zur Verdeutlichung genügt es, sich den Ausgangs- und bleibenden Bezugspunkt der Argumentation Platos zu vergegenwärtigen. Plato argumentiert immer wieder, indem er von mathematischen Beispielen ausgeht. Noch im hohen Alter hat er in Anknüpfung an pythagoreische Gedanken die „Ideen" mit Zahlen und Zahlenverhältnissen gleichzusetzen versucht. Für den Bereich der Mathematik gilt jedoch tatsächlich, daß der Begriff vollkommener ist als die Realität und daß sich die Realität gefallen lassen muß, am Begriff gemessen zu werden: Jeder reale Kreis, den ein Lehrer oder ein Kind an eine Tafel malt, wird zu Recht am idealen Begriff des Kreises gemessen und dementsprechend als ein „guter" oder „schlechter" Kreis bezeichnet. Hier gibt es also zu Recht einen „Primat des Begriffs". Die Problematik der Ideenlehre Platos beginnt erst in dem Augenblick, in dem Feststellungen, die für mathematische Begriffe durchaus gelten, unkritisch extrapoliert und auf konkrete Erscheinungen der vorgefundenen Wirklichkeit übertragen werden.

Auch Plato selbst war sich dieser Problematik bewußt. Unmißverständlich erklärte er, daß sich über die Geltung der Mathematik in der realen Welt wissenschaftlich nichts sagen, sondern nur eine wahrscheinliche Geschichte erzählen lasse. Trotz dieses Eingeständnisses hat Plato jedoch – fasziniert von der Klarheit mathematischen Denkens – der Mathematik bzw. der nach ihrem Muster konzipierten Welt der Ideen Vorrang vor der konkreten Wirklichkeit eingeräumt. Hierin gründet die Problematik der platonischen Ideenlehre. Wie Adorno – zusammen mit Horkheimer – zu Recht feststellt, tut die „mythologisierende Gleichsetzung der Ideen mit den Zahlen in Platos letzten Schriften"[167] und die Erhebung dieser Ideen zum absoluten Richtmaß der konkreten Wirklichkeit Gewalt an.

Analoges läßt sich vom relativen Recht der Grundgedanken des Aristoteles sagen. Aristoteles suchte die bei Plato unaufgearbeitete Kluft zwischen den Ideen und der Realität zu überwinden. Er lehnte die Lehre von einer selbständigen Welt der Ideen ab und betonte, daß die Ideen nicht losgelöst von den realen Gegenständen existieren. Sie seien vielmehr als Wesensstrukturen in den konkreten Erscheinungen verwirklicht. Zur Verdeutlichung verweist er auf ein Standbild. Das konkrete Standbild erhalte seine „Form“ vom Künstler, der den „Stoff“ bearbeitet. Es sei demnach die Verwirklichung einer künstlerischen Idee in einem jeweils bestimmten Material. Wenn ein Künstler, bzw. Kunsthandwerker eine größere Anzahl von Exemplaren des gleichen Standbildes schafft, dann ist die künstlerische Idee jeweils die gleiche. Die faktisch bestehenden Unterschiede beruhen auf der jeweiligen Eigenart des zur Verwirklichung der Idee benutzten Materials. In diesem Sinne erscheint bei Aristoteles die Idee als das Wesentliche und Allgemeine, das allen Standbildern gleich ist, während das je Besondere des einzelnen Standbildes auf unwesentlichen Zufälligkeiten der Eigenart des Materials beruht.

Zweifellos hat Aristoteles – wie in vergleichbarer Weise auch Plato – in seiner Argumentation recht, so weit sie sich auf das von ihm gewählte Beispiel bezieht. Bei den Produkten des Kunsthandwerkes und insbesondere der Industrie ist das Allgemeine und nicht das Besondere das Wesentliche. Es ist kein Zufall, daß diese Produkte nach Mustern und Katalogen gehandelt werden. Exemplare, die signifikant vom Muster abweichen, werden entweder als Ausschuß abgesondert oder allenfalls als Produkte „zweiter Wahl“ verbilligt abgegeben. Das Allgemeine ist hier das Richtmaß des Besonderen. Das gilt vor allem für Gebrauchsgegenstände des täglichen Bedarfs, die der Produktion des Menschen entstammen. Niemand, der Ziegelsteine verarbeitet oder ein Streichholz aus einer Schachtel nimmt, wendet sich der Besonderheit gerade dieses Ziegelsteines oder gerade dieses Streichholzes zu. Hierauf beruht das von Adorno nicht gewürdigte relative Recht des Aristoteles.

Aristoteles weiß jedoch selbst, daß sich sein Schema Form-Stoff nicht unbedacht auf die vorgefundene Wirklichkeit übertragen läßt. Er gesteht ausdrücklich zu, daß im Gegensatz zu den Produkten des Menschen in der Natur - etwa in der Tier- und Pflanzenwelt - Form und Stoff von Anfang an eine Einheit bilden, die nur gedanklich getrennt werden könne. Aristoteles bedenkt jedoch kaum die Rückwirkungen, die sich aus dieser Feststellung für das Verhältnis zwischen dem im Begriff gefaßten Allgemeinen und dem je Besonderen ergeben.

Im Gegensatz zum Ziegelstein und zum Streichholz ist das je Besondere im Bereich des Lebendigen nicht mehr nur eine durch Zufälligkeiten, bzw. den „Stoff" bedingte Abweichung von der - der Idee nach eindeutig vorgegebenen und bei der „Herstellung" angestrebten - Form, sondern vielmehr eine Variation auch der Form selbst. Daher achtet im Gegensatz zu jemanden, der Ziegelsteine verarbeitet, jemand, der eine Rose kauft, unter Umständen genau auf die Besonderheit der Tönung und die Ausformung der Blütenblätter, das heißt auf das konkrete Einzelne und Besondere. Insbesondere Tiere werden im allgemeinen nicht nach Musterkatalogen angeboten und verkauft. Allerdings kündigt sich mit der Industrialisierung der landwirtschaftlichen Produktion und den zum Teil umstrittenen Tendenzen einer Normierung auch der Pflanzen- und Tierwelt eine Wende an, von deren Problematik bereits in anderem Zusammenhang die Rede war.

Diese Überlegungen zeigen, daß die Forderung Adornos sich dem „Nichtidentischem" zuzuwenden, weiter bedacht und zu größerer Klarheit gebracht werden muß. Da Adorno das relative Recht des Plato und des Aristoteles nicht anerkennt, ist seine Forderung, sich dem Nichtidentischen zuzuwenden, allzu pauschal und bedarf der differenzierenden Korrektur. Dies hat zwangsläufig auch Rückwirkungen auf die Gesamteinschätzung der modernen Industriewelt.

Die von Adorno nicht zu Ende gedachte Problematik kommt am deutlichsten ins Blickfeld angesichts der simplen Tatsache, daß mit dem Wort nomen sowohl ein Wort der Begriffsprache wie auch ein persönlicher Name gemeint sein kann. Der persönliche Name jedoch kennzeichnet gerade das „Begrifflose, Einzelne und Besondere", also das Nichtidentische, dem sich Adorno zuwenden will. Dementsprechend muß das positive Grundanliegen Adornos beim Menschen als Person ansetzen. Es ist kein Zufall, daß nur Menschen je einen eigenen Namen tragen, während den Tieren nach dem Bericht des Alten Testamentes jeweils als Art Namen gegeben werden. Ebenso wenig ist es Zufall, daß Tiere jeweils dann einen individuellen Namen erhalten, wenn der Mensch sie in enge Beziehung zu sich selbst bringt.[168] Adorno weist zwar bei Gelegenheit – allerdings nicht in der Negativen Dialektik – auf das Verhältnis von Gattungsbegriff und Eigennamen kurz hin, reduziert das Problem jedoch auf die Feststellung: „Implizit wohnt noch dem Eigennamen die Beziehung auf jenes Allgemeine inne. Sie gelten ... Einen Menschen".[169] Im folgenden geht Adorno hierauf nicht weiter ein, sondern läßt diesen Hinweis in die Problematik des Subjekt-Objektverhältnisses einmünden.

Daß Adorno auf den Menschen als Person, die einen Namen trägt, nicht weiter eingeht, ist um so verwunderlicher, da der Impuls für seine gesamten Überlegungen nicht die Vernachlässigung des Besonderen im philosophischen Denken oder bei der industriellen Produktion ist, sondern die Behandlung von Menschen, die nicht als Individuen bzw. als Personen, sondern als Exemplare einer Rasse einer bürokratisch organisierten Todesmechanerie anheim gegeben werden. Hält man jedoch diesen Ansatzpunkt fest und fragt nach der menschlichen Person, in der ohne Zweifel das Einzelne und Besondere seine höchste Dignität erlangt, so zeigt sich auch, wie vorschnell Adorno die Zuordnung der Besonderheit zum „Materiellem" von Aristoteles übernommen hat. So unbestreitbar sich die Besonderheit des einzelnen Menschen auch im Körperlichen ausprägt, so wenig ist sie darauf fixiert. Vielmehr kommt das Besondere der jeweiligen Person im geistig-seelischen Bereich in der Regel noch intensiver zum Ausdruck als in der „materiellen" Beschaffenheit. Es ist kein Zufall, daß wir in vielen Fällen geradezu von einer Vergeistigung auch des Leibes und des körperlichen Ausdrucks sprechen.

Letzten Endes scheint auch Adorno das zu spüren. Wenn er von der Sehnsucht nach der Auferstehung des Fleisches

spricht, so grenzt er sich negativ gegenüber dem seit Plato immer wieder herumspukenden Gedanken einer vermeintlich vollkommenen rein geistigen Existenz des Menschen ab. Positiv jedoch geht es ihm keineswegs primär um die Erhaltung materieller Besonderheiten, wie man sie notfalls durch Tiefkühlverfahren erreichen könnte, sondern – ebenso wie denen, von denen er die Formulierung „Auferstehung des Fleisches" übernommen hat – um eine Auferstehung des lebendigen, das heißt des ganzen Menschen in seiner je einmaligen leibgeistigen Personalität. Daß die Sehnsucht nach dieser Auferstehung bei Adorno im unüberbrückbaren Kontrast zur ungeschminkten Realität des Todes bleibt, dokumentiert die Spannung zwischen Erfahrung und Hoffnung, die auch vom Glaubenden nur im Hinblick auf den Zusammenhang zwischen dem qual- und schmachvollen Kreuzestod Jesu Christi und seiner Auferstehung durchgetragen werden kann.
Fragt man nach dem Zielpunkt und der Grundintention, unter denen Adorno seine Negative Dialektik entwickelt, so ist es letzten Endes der Wille zu einer neuen Humanität. An die Stelle der Grundkonzeption der Dialektik, die in ihrer idealistischen wie ihrer marxistischen Ausprägung über den Einzelnen hinwegschreitet und ihn absorbiert, soll eine neue bleibende Bejahung des konkreten Menschen treten, die freilich, wie Adorno klar erkennt, durch rein weltimmanente Bemühungen nicht herbeiorganisiert oder herbeigezwungen werden kann, sondern nur als Inhalt von Sehnsucht und Hoffnung zu formulieren ist und sich daher letzten Endes mit Verheißungen der Offenbarung trifft.

4. Die Entlarvung der instrumentellen Vernunft als Aufweis der Heillosigkeit einer Welt ohne Gott (Max Horkheimer)

Wie von Herbert Marcuse der Begriff der Eindimensionalität zur Kennzeichnung des modernen Menschen in den allgemeinen Sprachgebrauch übergegangen ist, so gilt vergleichbares bei Horkheimer vom Begriff der „Instrumentellen Vernunft". Horkheimer sieht als wichtigste Ursache des gegenwärtigen Dilemmas die Programmierung der Vernunft und die damit verbundene Verengung des geistigen Horizonts. Er schreibt: „Die moderne Wissenschaft, wie die Positivisten sie verstehen, bezieht sich wesentlich auf Aussagen über Tatsachen und setzt deshalb die Verdinglichung des Lebens im Allgemeinen und der Wahrnehmung im Besonderen voraus."[170] Noch schärfer als Marcuse arbeitet er heraus, daß die verhängnisvolle Vorprogrammierung der modernen Wissenschaftlichkeit eine Folge ihrer methodischen Konzeption ist: „Die durch quantitative Methoden ermittelten sogenannten Tatsachen, welche die Positivisten als die einzig wissenschaftlichen zu betrachten pflegen, sind oft Oberflächenphänomene, die die zugrunde liegende Realität mehr verdunkeln als enthüllen."[171]

In einer solchen Formulierung wird deutlich, daß Max Horkheimer – ohne es voll auszuformulieren – jenes grundlegende Problem erkannt hat, das sich aus der Differenz zwischen Wahrheit und Richtigkeit ergibt. Da sich die Unterscheidung von Wahrheit und Richtigkeit weder von unserem Sprachgebrauch her noch von der Begriffsbildung in der philosophischen Tradition her anbietet,[172] muß zunächst betont werden, daß der undifferenzierte und ungeklärte Gebrauch der Sprache – auch in der wissenschaftlichen und philosophischen Literatur – wie in manchen anderen Fällen auch eine Unklarheit der Sache signalisiert. Da die meisten Menschen von der Sache her zwischen Wahrheit und Richtigkeit nicht unterscheiden, wird auch in der Sprache zwischen beiden kein Unterschied gemacht.

Tatsächlich jedoch ist eine Unterscheidung zwischen Wahrheit und Richtigkeit geboten. Wie Max Horkheimer betont, bringen uns richtige Aussagen nicht in jedem Falle der Wahrheit näher. Im Extremfall sind sie sogar geeignet, uns in die Irre zu führen. Zur Verdeutlichung sei ein – auch Max Horkheimer bekanntes – Beispiel angeführt:[173] In der Zeit der Kanzlerschaft Adenauers ließen Meldungen in der deutschen Presse den Verdacht aufkommen, daß die damalige Regierung den Verfassungsschutz, bzw.

alliierte Stellen parteipolitisch zur Überwachung innenpolitischer Gegner mißbrauche. In einer dieser Meldungen hieß es: „Zu den Personen, deren Briefe geöffnet wurden, gehört auch der Vizepräsident des Deutschen Bundestages, der SPD-Abgeordnete Carlo Schmid." Eine Nachprüfung ergab, daß diese Meldung im Hinblick auf die Richtigkeit einwandfrei war und doch nicht Enthüllung der Wahrheit, sondern Irreführung bedeutete. Was war tatsächlich geschehen? Ein Brief ohne Absender, der an eine überwachte Person gerichtet war, wurde von den genannten Stellen geöffnet. Erst die Überprüfung des Inhalts ergab, daß der Brief von Carlo Schmid stammte.

Dieses Beispiel macht deutlich, daß es richtige Aussagen gibt, die das Wesentliche eher verdunkeln als erhellen, so daß sie unter dem Kriterium der Wahrheit als unwahr bezeichnet werden müssen. Hierbei handelt es sich – das muß angesichts eines weit verbreiteten Irrtums betont werden – nicht um ein terminologisches Scheinproblem, das sich lösen läßt, indem man „Richtigkeit" jeweils mit „Teilwahrheit" gleichsetzt. Eine solche quantitative Vorstellung von der Wahrheit, derzufolge die (ganze) Wahrheit jeweils die Summe aller Teilwahrheiten sei, ist letzten Endes unangemessen. Das läßt sich auch an der zitierten Pressemeldung verdeutlichen. Die Feststellung, „zu den Personen, deren Briefe geöffnet wurden, gehört auch der Vizepräsident des Deutschen Bundestages, der SPD-Abgeordnete Carlo Schmid", ist keine Teilwahrheit, die sich mit anderen Teilwahrheiten zur ganzen Wahrheit rundet. Sie ist vielmehr trotz ihrer Richtigkeit unwahr. Diese ihre Unwahrheit beruht darauf, daß diese Formulierung die geschichtliche Komponente des Gesamtvorganges überspielt und dadurch den Tatbestand verfälscht. Der entsprechende nicht nur richtige, sondern im Sinne einer Teilwahrheit wahre Satz müßte heißen: „Bei dieser Aktion wurden auch Briefe ohne Absenderangabe geöffnet."

Es ist beachtenswert, daß bei diesem Beispiel der im Sinne der Teilwahrheit wahre Satz weniger an richtigen Informationen enthält, als die unwahre Pressemeldung. Denn hierdurch wird unter einem weiteren Gesichtspunkt bestätigt, wie unangemessen ein quantitativer Wahrheitsbegriff ist.

Ein Mehr an richtigen Informationen kann durchaus mit einem Weniger an Wahrheit Hand in Hand gehen. Die perverse Kunst einer gekonnten Propaganda beruht auf diesem Sachverhalt. Eine unerwünschte Wahrheit wird dann durch eine Fülle richtiger Informationen unkenntlich gemacht. Nicht nur ein Mangel, sondern auch ein Übermaß an richtigen Informationen kann die Wahrheitsfindung erheblich erschweren.

Besonders klar zeigt sich der qualitative Vorrang der Wahrheit vor dem nur Richtigen bei Aussagen über den Menschen. Die richtigen Aussagen, daß der Mensch eine instabile Fett-Eiweiß-Verbindung, ein Säuger oder auch ein Träger von Rollen sei, unterscheiden sich qualitativ von den wahren Aussagen, daß der Mensch Person, daß er ein vernunftbegabtes Wesen oder daß er ein Geschöpf Gottes ist.[174] Die nur richtigen Aussagen treffen auch hier nicht das Wesentliche, ja sind sogar geeignet, das Wesentliche zu verstellen. Dagegen treffen die wahren Aussagen jeweils etwas Wesentliches und führen daher nicht in die Irre.

Da die Wissenschaften in der Konzeption des Positivismus auf die Frage nach dem Wesen, nach dem Eigenwert und nach dem Sinn verzichten, sind sie grundsätzlich nicht in der Lage, zwischen wahren und richtigen Aussagen zu unterscheiden. Dieser Verzicht auf die Frage nach der Wahrheit und dem Wesentlichen führt zwangsläufig zu einer instrumentellen Verfügung über die gesamte Wirklichkeit.[175] Wenn dem Menschen nichts mehr von seinem Wesen her angeht, dann ist alles seiner Verfügung anheim gegeben. Es ist auf dieser Basis unmöglich, ein freies, das heißt, nichtinstrumentelles Verhältnis zur Wirklichkeit zu gewinnen.

Somit bestätigt sich, daß es bei der Frage nach dem Wesentlichen und dem Wahren zugleich um die Frage der Legitimation wissenschaftlicher Forschung und ihrer technischen Anwendung geht. Die bedenkliche Irrationalität heutiger wissenschaftlich-technischer Weltgestaltung beruht nicht zuletzt darauf, daß die Wissenschaften den Anspruch einer autonomen Instanz erheben, jedoch den Nachweis ihrer eigenen Legitimation nicht zu erbringen

vermögen, ja schon die Frage danach aus ihrer Konzeption eliminiert haben.
Diese Problematik hat Max Horkheimer klar gesehen. Wenn er feststellt, daß die positivistischen Wissenschaften „die zugrundeliegende Realität mehr verdunkeln als enthüllen“,[176] so macht er damit deutlich, daß es sich bei der gegenwärtigen Poblematik nicht nur um eine falsche Anwendung von Wissenschaft, aber auch nicht nur um einen Mangel an zusätzlicher Zielorientierung, sondern um ein tiefer liegendes Problem der Gesamtkonzeption des modernen wissenschaftlichen Denkens handelt. Unerbittlich weist er darauf hin, daß dieses Problem nicht durch eine systemkonsequente Weiterentwicklung der Wissenschaften selbst gelöst werden kann: „Nach den Positivisten brauchen wir nur genügend Vertrauen zur Wissenschaft. Natürlich verkennen sie nicht die zerstörerischen Praktiken, zu denen die Wissenschaft herhalten muß; aber sie behaupten, daß ein solcher Gebrauch die Wissenschaft pervertiert. Ist dem wirklich so? Der objektive Fortschritt der Wissenschaft und ihre Anwendung, die Technik, rechtfertigen die geläufige Vorstellung nicht, daß die Wissenschaft nur dann zerstörerisch ist, wenn sie pervertiert wird, und notwendig konstruktiv, wenn sie angemessen verstanden wird. Fraglos könnte von der Wissenschaft ein besserer Gebrauch gemacht werden. Es ist jedoch keineswegs ausgemacht, daß der Weg, die guten Möglichkeiten der Wissenschaft zu verwirklichen, überhaupt auf ihrer gegenwärtigen Bahn liegt.“[177]
Angesichts dieser Einschätzung der Gesamtsituation ist nach Überzeugung Horkheimers die wichtigste Aufgabe in der gegenwärtigen Lage eine kritische Überprüfung der gängigen Vernunft selbst. Dementsprechend muß Emanzipation in der heutigen Situation neu konzipiert werden. Während sie in früheren Zeiten eine Befreiung von der Bevormundung des Geistes und der Gesellschaft durch kirchliche Gremien und politisch-absolutistische Instanzen war, hat sie nunmehr eine „Denunziation dessen, was gegenwärtig Vernunft heißt“ zu sein. Horkheimer versichert, daß hierin vorerst „der größte Dienst, den die Vernunft leisten kann“ bestehe.[178]

In diesem Zusammenhang wirft Max Horkheimer den Kirchen vor, den notwendigen und ihrem Auftrag gemäßen Dienst einer radikalen Kritik an der wissenschaftlichen Vernunft zu verweigern und sich statt dessen opportunistisch in einer eigenen Weise dem System anzupassen. Nach der Überzeugung Horkheimers mindert eine solche Anpassung die Chance, die Geschlossenheit des wissenschaftlich-technischen Systems zu sprengen.
Bei ihrer Kapitulation vor dem System sind nach Horkheimers damaligen Beobachtungen die Anstrengungen der katholischen Kirche noch „bescheiden den Konsequenzen gegenüber, die von protestantischen Theologen bereits gezogen worden sind. Bei ihnen schwindet nicht nur jeder mögliche Konflikt mit Wissenschaft, die in ihrer positivistischen Gestalt ihn ohnehin vermeidet, sondern noch mit jedem inhaltlichen Grundsatz der Moral. Ja, die Behauptung, daß Gott als Person, ja als Dreieinigkeit, wirklich existiert, von einem Jenseits ganz zu schweigen, gilt als bloßer Mythos ... die Erzählungen der Bibel sind symbolisch".[179] Wahrscheinlich würde Horkheimer heute feststellen, daß sich nicht wenige katholische Theologen mit Erfolg bemühen, den Vorsprung ihrer evangelischen Kollegen in der Anpassung an das System aufzuholen.
Im Gegensatz zu diesen Bestrebungen der modernen Theologie kann nach Horkheimers Überzeugung nur aus einem nicht angepaßten und daher in das Programm verkürzter Realität nicht integrierbaren Glauben an Gott eine Überschreitung und Überwindung des wissenschaftlich-technischen Systems erfolgen. Ansonsten verliert jede Wahrheit ihren absoluten Anspruch: „Wahrheit als emphatische, menschlichen Irrtum überdauernde, läßt ... vom Theismus sich nicht schlechthin trennen. Sonst gilt der Positivismus, mit dem die neueste Theologie bei allem Widerspruch verbunden ist. Nach ihm heißt Wahrheit Funktionieren von Berechnungen, Gedanken sind Organe, Bewußtsein wird jeweils soweit überflüssig, wie die zweckmäßigen Verhaltensweisen, die durch es vermittelt waren, im Kollektiv sich einschleifen. Einen unbedingten Sinn zu retten ohne Gott, ist eitel ... Ohne Berufung auf ein Göttliches verliert die gute Handlung, die Rettung des ungerecht

Verfolgten, ihre Glorie, es sei denn, sie entspräche dem Interesse eines Kollektivs diesseits und jenseits der Landesgrenzen. Indem die fortgeschrittenen protestantischen Theologen noch dem Verzweifelten ermöglichen, sich Christ zu nennen, klammern sie das Dogma ein, ohne dessen Geltung ihre Rede nichtig ist. Zugleich mit Gott stirbt auch die ewige Wahrheit."[180]

Der Verzicht, sich auf eine ewige Wahrheit zu berufen, bzw. die Erhebung einer im Sinne der instrumentellen Vernunft jeweils zweckrationalen Veränderung zum höchsten Prinzip des Handelns, bedeutet nach der Überzeugung Horkheimers nicht zuletzt einen Verzicht auf eine moralische Politik. Er hält das Streben der Aufklärung „einen intellektuellen Grund dafür zu finden, in der Gesellschaft auszuhalten, wenn das Interesse versagt", für hoffnungslos[181] und betont: „Politik, die, sei es höchst unreflektiert, Theologie nicht in sich bewahrt, bleibt, wie geschickt sie sein mag, letzten Endes Geschäft ... Vom Standpunkt des Positivismus aus gesehen, läßt sich keine moralische Politik ableiten. Rein wissenschaftlich betrachtet ist der Haß bei aller sozialfunktionellen Differenz nicht schlechter als die Liebe. Es gibt keine logisch zwingende Begründung dafür, warum ich nicht hassen soll, wenn ich mir dadurch im gesellschaftlichen Leben keine Nachteile zuziehe ... Der Positivismus findet keine die Menschen transzendierende Instanz, die zwischen Hilfsbereitschaft und Profitgier, Güte und Grausamkeit, Habgier und Selbsthingabe unterschiede. Auch die Logik bleibt stumm, sie erkennt der moralischen Gesinnung keinen Vorrang zu. Alle Versuche, die Moral anstatt durch den Hinblick auf ein Jenseits auf irdische Klugheit zu begründen ... beruhen auf harmonistischen Illusionen. Alles, was mit Moral zusammenhängt, geht letzten Endes auf Theologie zurück."[182]

Tatsächlich zeigen die Erfahrungen unserer Tage, daß atheistische Weltanschauungen Liebe und Haß in gleicher Weise einsetzen, um ihre politischen Ziele zu erreichen. Und auch hierin erfolgt eine Anpassung fortschrittlicher Theologen an das moderne Denken. Da sie ihre Bemühungen primär auf die Verbesserung irdischer Zustände und auf die Schaffung des Himmels auf Erden konzentrieren, wird auch für sie der kämpferische Einsatz und der kaum kaschierte Haß gegen alle, die der von ihnen erstrebten Gerechtigkeit entgegenstehen, ein notwendiges Mittel zur Erreichung ihrer gesellschaftspolitischen Ziele. Im Gegensatz dazu hält es Horkheimer für notwendig, entschieden daran festzuhalten, „daß die Welt Erscheinung ist, daß sie nicht die absolute Wahrheit, das letzte“ ist.[183] Diese Formulierung umschreibt, wie er auf eine Frage Helmut Gumniors versichert, jenes Minimum an Theologie, ohne das es eine moralische Politik nicht geben kann. Nur eine Theologie in diesem Sinne bildet eine echte Alternative zur Verabsolutierung der wissenschaftlich-technischen Vernunft. Allein der Gottesbegriff verbürge, „daß es noch andere Maßstäbe gebe als diejenigen, welche Natur und Gesellschaft in ihrer Wirksamkeit zum Ausdruck bringen“.[184]

Wie Horkheimer gegenüber möglichen Mißverständnissen betont, bedeuten diese seine Hinweise auf Theologie nicht, daß der Versuch, hier auf Erden „eine vernünftigere, das heißt gerechtere Gesellschaft zu schaffen, negiert wird“.[185] Horkheimer ist sich jedoch der Problematik aller Versuche bewußt, auf Erden eine absolute, das heißt auch soziale Gerechtigkeit im Sinne des modernen Gleichheitsideals zu erzwingen. Er weiß, daß dieses gewalttätige Streben nach absoluter Gerechtigkeit in der Gesellschaft mit dem „Niedergang der Religion fast synchron verläuft ... indem die Ideen der Auferstehung von den Toten, des Jüngsten Gerichts, des ewigen Lebens als dogmatische Setzung negiert werden, wird das Bedürfnis des Menschen nach unendlicher Seligkeit ganz offenbar und tritt zu den schlechten irdischen Verhältnissen in Gegensatz“.[186]

In der Tat ist dieser Zusammenhang unbestreitbar: Wenn die diesseitige Wirklichkeit die einzige und letzte Wirklichkeit des Menschen ist, dann folgt daraus zwangsläufig die Forderung, das Bedürfnis nach unendlicher Seligkeit, soweit irgend möglich, in dieser Welt abzugelten und eine absolute Gerechtigkeit der Gesellschaft herzustellen. Dieses Streben wird jedoch, wie Horkheimer in Nüchternheit erkennt, mit der Freiheit bezahlt und führt faktisch zu Unterdrückungssystemen, deren Ungerechtigkeit und Gewalttätigkeit im Endeffekt zumeist die Ungerechtigkeit der zuvor herrschenden Zustände bei weitem übersteigt. Entgegen allen unredlichen oder unüberlegten Harmonisierungsversuchen spricht Horkheimer in seinem Interview mit Helmut Gumnior klar aus: „Freiheit, Gleichheit, Brüderlichkeit, das ist eine wundervolle Parole. Aber wenn Sie die Gleichheit erhalten wollen, dann müssen Sie die Freiheit einschränken, und wenn Sie den Menschen die Freiheit lassen, dann kann es keine Gleichheit geben.“[187]

Wie Horkheimer klarlegt, drängt das Streben nach Gleichheit im Sinne sozialer Gerechtigkeit zusammen mit der Konsequenz der wissenschaftlich-technischen Weltgestaltung selbst zu einer immer stärkeren Einschränkung der Freiheit. Daher stellt er die Prognose: „Ich glaube, daß die Menschen dann in dieser verwalteten Welt ihre Kräfte werden nicht frei entfalten können, sondern sie werden sich an rationalistische Regeln anpassen, und sie werden diesen Regeln schließlich instinktiv gehorchen. Die Menschen dieser zukünftigen Welt werden automatisch handeln. Bei rotem Licht stehen, bei Grün marschieren. Sie werden den Zeichen gehorchen. Die Individualität wird eine immer geringere Rolle spielen ... Ich meine ... heute schon sagen zu können, daß die immanente Logik der gegenwärtigen historischen Entwicklung, soweit sie durch Katastrophen nicht unterbrochen wird, auf eine Aufhebung des freien Willens hinweist.“[188]

Diese Prognose Horkheimers hat eine unübersehbare innere Stimmigkeit: Die modernen Wissenschaften fragen ausschließlich nach Quantitäten und nach funktionalen gesetzmäßigen Zusammenhängen. In ihrer Interpretation der Welt herrscht das Gesetz einer Kausalität, die für freies Wirken keinen Raum läßt. Diese Wissenschaften werden dann zum Gestaltungsprinzip der modernen Industriewelt mit ihren Planungsstäben, Befehls- und Verwaltungszentralen. In ihr erscheint alles Unvorhersehbare und Unberechenbare als Störfaktor, so daß die Vollendung dieser modernen Welt „eine Aufhebung des freien Willens“ einschließt. Nur so läßt sich eine perfekte Planung und Organisation der Gesellschaft erreichen. Angesichts dieser immanenten Logik der gegenwärtigen historischen Entwicklung scheint Horkheimer zuweilen völlig zu resignie-

ren: „Man kann einen solchen Prozeß nicht rückgängig machen. Man kann nur versuchen, etwas von dem Überlieferten zu bewahren, indem man die Wandlungen auch in ihrer Negativität sichtbar macht."[189]
Horkheimer hält es durchaus für möglich, daß die Perfektion des wissenschaftlich-technischen Systems zu einem hohen Lebensstandard und zu einer Befriedigung aller materiellen Bedürfnisse führt.[190] Dennoch erscheint es ihm fraglich, ob dadurch eine bessere Epoche der Menschheit herbeigeführt wird. Es wird Öde und Sinnlosigkeit herrschen, denn mit der Abschaffung des Theologischen „verschwindet das, was wir ‚Sinn' nennen, aus der Welt. Zwar wird große Geschäftigkeit herrschen, aber eigentliche sinnlose, also langweilige."[191]
Insgesamt zeigen die Überlegungen Max Horkheimers ein unaufhebbares Dilemma. In einer Welt, in der Freiheit herrscht, ist der Mensch auch dem Risiko und dem Scheitern ausgesetzt. Schon durch diese Erfahrungen wird er gedrängt, die Fragen nach dem Sinn und der Erfüllung seines Lebens zu stellen, auf die er in der Religion eine Antwort erhält. Dementsprechend ist ihm in dieser theologisch gedeuteten Welt trotz aller Unzulänglichkeiten ein Leben möglich, das er letzten Endes als sinnvoll empfindet. In der modernen im rein weltimmanenten Sinne „vernünftigen" Welt dagegen, in der die Gesellschaft das Risiko und das Scheitern des Menschen durch perfekte Organisation der Gesellschaft zu beseitigen versucht, schwindet nicht nur die Freiheit, sondern die Menschen leisten „auf dem Wege neuzeitlicher Wissenschaft ... auf Sinn Verzicht".[192]
Max Horkheimer ist der Überzeugung, daß die total verwaltete Welt – sofern keine Katastrophen eintreten – unsere Zukunft und unser Schicksal ist. Dennoch möchte er sinnvoll leben und hält die „Sehnsucht nach dem ganz Anderen" mit zäher Beharrlichkeit fest. Allerdings erfaßt ihn zuweilen Unsicherheit, ob ein Glaube an Gott, so notwendig er auch immer erscheinen mag, letzten Endes ins Leere geht. Notvoll formuliert er: „Ich bin mehr und mehr der Meinung, man sollte nicht von der Sehnsucht sprechen, sondern von der Furcht, daß es diesen Gott nicht gebe."[193]

So führt die Entlarvung der instrumentellen Vernunft durch Max Horkheimer zum Aufweis der Heillosigkeit einer Welt ohne Gott, bzw. zur Sehnsucht nach dem ganz Anderen, einer Sehnsucht, die jedoch selbst nicht weiß, ob sie letzten Endes nichtig ist.

III. Die kritische Theorie als Herausforderung an Kirche und Theologie

1. Ansätze zu einer Konvergenz von Kritischer Theorie und christlicher Theologie

Die Frage nach einer Konvergenz zwischen Kritischer Theorie und christlicher Theologie stellt sich schon angesichts der Tatsache, daß sich Adorno und Horkheimer in je eigener Weise auf Theologie beziehen. Bevor die Frage nach einer Konvergenz unter diesem Gesichtspunkt gestellt wird, sei zunächst auf eine weithin unbekannte, jedoch in diesem Zusammenhang beachtenswerte Tatsache hingewiesen: Auf die Kontaktaufnahme zwischen dem satzungsgemäß christlichen Deutschen Institut für Bildung und Wissen und dem Begründer der Frankfurter Schule Max Horkheimer.

Das anfangs vor allem bildungspolitisch engagierte Deutsche Institut für Bildung und Wissen nahm seine wissenschaftstheoretische Arbeit bereits auf, bevor die entscheidenden Veröffentlichungen der Frankfurter Schule in der Bundesrepublik erschienen. Im Jahre 1962, also zu einer Zeit, die insgesamt noch von einer optimistischen Grundstimmung getragen war, lud es zu einer wissenschaftlichen Arbeitstagung über „Die Krise des Zeitalters der Wissenschaften" nach Arnsberg ein. Hier trafen sich für eine volle Woche Experten aller wissenschaftlichen Disziplinen. In Vorträgen und Gesprächen wiesen sie auf die bedenklichen Symptome der wissenschaftlichen Entwicklung hin, insbesondere auf das Fehlen einer inneren Bezogenheit zwischen Wissenschaft, Wahrheit und Ethos.

Schon im Einleitungsvortrag wurden die geistesgeschichtlichen Wurzeln der gegenwärtigen Situation aufgedeckt und insbesondere auf die Unterschiede zwischen der überkommenen abendländischen Wissenschaftstradition und der Konzeption der modernen Wissenschaften hingewiesen. Sodann wurde festgestellt: „Der moderne Wissenschaftler betrachtet die gesamte Welt als Objekt seiner Forschung und als Material seiner Planungen. Dabei verfügt er frei über seine Objekte, ohne nach deren Eigenwert oder nach wissenschaftlich nicht faßbaren Relationen zu fragen. Er kennt weder Ehrfurcht noch Liebe. Auch der Mensch ist ihm nur Objekt; und zwar gilt das für den theoretisch forschenden ebenso wie für den praktisch auswertenden Wissenschaftler."[194] In den folgenden Passagen wurden die Gefahren dieser Entwicklung herausgearbeitet, insbesondere auch die Unfähigkeit der modernen Wissenschaften, Handlungsorientierung zu geben und die Sinnfrage auch nur zu stellen. Als Fazit wurde festgestellt: „Alle bisherigen Versuche, ein wissenschaftliches Weltbild zu gewinnen, sind mißlungen, wobei auf der einen Seite eine absolute Sinn- und Wertblindheit, auf der anderen die Ideologien Zeugnisse dieses Mißlingens sind. Dabei handelt es sich, wie aus den bisherigen Überlegungen klar hervorgeht, nicht um Fehlentwicklungen, die von den Wissenschaften selbst rückgängig gemacht oder behoben werden können. Das Zeitalter der Wissenschaften, wie es Comte konzipiert hatte, ist somit geschichtlich gescheitert. Ein Festhalten an dieser Konzeption muß entweder in einer Ideologie oder in einem absoluten Sinn- und Wertnihilismus enden."[195]

Die Vorträge und die wichtigsten Diskussionsbeiträge dieser Tagung wurden im Januar 1963 der Öffentlichkeit unterbreitet.[196] Obgleich dieser Tagungsbericht mehrere Auflagen erreichte, blieb damals eine allgemeine Beachtung aus. Ein scharfsinniger Beobachter faßte seinen Kommentar dazu in dem Satz zusammen: „Sie haben das Richtige zu früh gesagt."[197]

Das Institut setzte die mit der Tagung in Arnsberg eingeleitete wissenschaftstheoretische Aufarbeitung der modernen Welt in den folgenden Jahren planmäßig fort, ohne daß ein Kontakt zur Frankfurter Schule bestand, ja ohne daß deren Veröffentlichungen Berücksichtigung fanden. Auch umgekehrt nahmen die Vertreter der Frankfurter Schule von den entsprechenden Veröffentlichungen des Instituts keine Kenntnis. Der tiefere Grund hierfür liegt wahrscheinlich weniger in der unterschiedlichen „ideologischen" Ausgangsposition als vielmehr in der Verschiedenheit des analytischen Ansatzes: Während die Frankfurter

Schule von dem gesellschaftlichen Zustand der fortgeschrittenen Industrienationen ausging und dann nach dessen Ursachen und damit auch nach der wissenschaftlich-technischen Konzeption dieser Welt zurückfragte, ging das Institut von der Kritik an der Wissenschaftskonzeption aus und fragte dann weiter nach deren gesellschaftlichen Folgen.

Der Zustand des gegenseitigen Ignorierens änderte sich durch die Initiative von Johannes Hollenbach, der zur Zeit der Studentenrevolte in dem von ihm begründeten ibw-Journal eine Auseinandersetzung mit der Frankfurter Schule, insbesondere mit Herbert Marcuse, begann.[198] Als das Institut dann im Winter 1970/71 eine wissenschaftliche Arbeitstagung über das Thema „Technokratie und Bildung" einberief, lud ich dazu als Experten auch Max Horkheimer ein. Getroffen durch den Tod seines engen Freundes Friedrich Pollock konnte er der Einladung nicht folgen. Da uns inzwischen bewußt war, daß die Gedanken Max Horkheimers und die Intentionen des Instituts sich in vieler Hinsicht trafen, riß die geknüpfte Verbindung jedoch nicht wieder ab. Im Rahmen dieser Kontakte schickte ich Horkheimer das ibw-Journal vom September 1971 mit einem Vortrag über „Christentum und Fortschritt", den ich zur Eröffnung der Generalversammlung der SIIAEC im Juli 1971 in Freiburg im Üchtland im Rahmen der 27. Vollversammlung der Internationalen Akademikervereinigung Pax Romana gehalten hatte. Dieser Vortrag kann in vieler Hinsicht als eine komprimierte Zusammenfassung der bis dahin erzielten Forschungsergebnisse des Deutschen Instituts für Bildung und Wissen betrachtet werden.

Die Antwort Max Horkheimers bestätigte auch aus seiner Sicht eine Konvergenz zwischen unseren Überlegungen und Intentionen. Er versicherte nicht nur, daß er über meinen Vortrag „sehr glücklich" und mir „zutiefst dankbar" sei, sondern erklärte in bemerkenswerter Eindeutigkeit: „Ich wüßte keine Ausführungen in jüngster Zeit, die mir so nahe stehen wie die Ihren."[199] Angesichts dieser geistigen Nähe bekundete Horkheimer in einem bald darauf folgenden Brief von sich aus seinen Wunsch, „für das ibw-

Journal einmal einen Artikel zur Verfügung“ zu stellen.[200] Die Verbindung zwischen Max Horkheimer und mir ist dann nicht mehr abgerissen. Als ich mich zusammen mit meiner Frau im September 1972 im Tessin mit Horkheimer traf, wurde mir voll bewußt, daß unsere geistige Verbundenheit nicht nur auf einer vergleichbaren Einschätzung des wissenschaftlich-technischen Denkens und der modernen Industriewelt beruhte, sondern auch in der gemeinsamen Überzeugung, daß die Frage nach der Zukunft der Menschheit und die Frage nach der Zukunft der Religion aufs engste verknüpft sind. Einmütigkeit herrschte auch darüber, daß die Frage nach der Zukunft der Religion nicht von der Frage nach der Wahrheit der Religion getrennt werden kann. Der Gedanke Voltaires, daß man Gott, wenn es ihn nicht gäbe, erfinden müsse, um auf diese Weise die Menschen tugendhafter und die Gesellschaft besser zu machen, lag uns beiden fern. Denn eine nicht durch glaubwürdige Wahrheit gekennzeichnete, sondern nur um ihrer funktionalen Bedeutung willen anerkannte Religion ist wehrlos der Gefahr preisgegeben, selbst als Stabilisierungselement in ein technokratisches Gesamgsystem eingebaut zu werden.
Nicht übereinstimmend war die Grundstimmung, aus der heraus wir argumentierten. Meine Hoffnung, durch eine geistige Aufarbeitung der Gesamtsituation könne auch eine neue Offenheit zu Gott gewonnen werden, die dem Menschen als Person ein Eigengewicht gegenüber den funktionalen Gestaltungsprinzipien der modernen Welt gäbe, wurde von Horkheimer nicht geteilt. Noch in seinem letzten Brief schrieb er: „Leider können wir nicht erwarten, daß unsere theoretischen Aktivitäten die gesellschaftliche Tendenz des Rückgangs von Philosophie und Theologie verändern werden.“[201] Allerdings suchte Horkheimer offensichtlich das Gespräch mit mir nicht zuletzt deshalb, weil er insgeheim hoffte, in diesem seinem Pessimismus widerlegt zu werden. Es ist kennzeichnend, daß er mehr fragte, Einwürfe machte und zuhörte als sprach. Wenn er mehrfach spontan erklärte: „Ich wollte, Sie hätten recht!“ dann war das, soweit ich es aus der Situation heraus zu beurteilen vermag, keine versteckte Ablehnung, sondern eine

geheime Hoffnung. Hierauf deutet auch sein gesamtes Verhalten hin: Er empfing meine Frau und mich mit herzlicher Gastfreundschaft und sagte beim Abschied mit großem Nachdruck: „Sie kommen doch wieder!“[202]
Um eine weitere Klärung unserer Auffassungen zu erreichen, vereinbarten wir für den Sommer 1973 ein mehrtägiges Gespräch über die Zukunft und die Wahrheit der Religion. Horkheimer hatte bereits die Buchung der Zimmer in Graubünden eingeleitet. Doch das Gespräch fand nicht mehr statt. Etwa sechs Wochen vor der geplanten Zusammenkunft wurde Horkheimer aus diesem Leben abberufen. Mit meiner Frau und meinen Freunden mußte ich ohne Max Horkheimer weiterarbeiten, nunmehr allerdings unter bewußter Einbeziehung seiner Überlegungen. Ein erstes Ergebnis unserer Arbeit wurde seinem Andenken gewidmet und so auch von unserer Seite die Gemeinsamkeit dokumentiert. Die innere Berechtigung dafür ergab sich jedoch nicht nur aus den persönlichen kurzen, jedoch tiefen Beziehungen, sondern auch aus dem Inhalt der unter dem Titel „Chance und Risiko der Gegenwart – eine kritische Analyse der wissenschaftlich-technischen Welt“ herausgebrachten Veröffentlichung.[203] In ihr wurden unsere zunächst unterschiedlichen Akzentuierungen und Ansatzpunkte – der wissenschaftstheoretische und der gesellschaftspolitische – zu einer Einheit gebracht, die der Vielschichtigkeit der Gesamtproblematik Rechnung trägt.
Diese dem Andenken Max Horkheimers gewidmete Untersuchung, zu deren Mitarbeitern Wissenschaftler wie Ludwig Erhard (†), Joachim Illies (†), Felix Messerschmid (†) und Joseph Ratzinger gehören, ist bislang von niemandem als neomarxistisch bezeichnet worden. Hierin dokumentiert sich nochmals eindrucksvoll, daß das Etikett Neomarxismus nicht genügt, um die Frankfurter Schule angemessen zu kennzeichnen, und daß es insbesondere ungeeignet ist, die im Laufe der Zeit immer stärker erkennbaren Grundtendenzen der denkerischen Bemühungen von Horkheimer und Adorno zu charakterisieren. Die genannte Veröffentlichung macht deutlich, daß die kritische Stellungnahme der Frankfurter Schule zur modernen Industriegesellschaft, die auch bei Max Horkheimer zu-

nächst mit marxistischen Auffassungen verwoben und verfilzt war, ihre Gültigkeit auch dann behält, wenn man sie von diesen Implikationen befreit, ja daß sie ohne Bindung an marxistisches Denken und marxistische Begrifflichkeit mit noch größerer Konsequenz entwickelt werden kann.
Diese Feststellung hat erhebliche Konsequenzen auch für die Beurteilung der Wirkungsgeschichte der Frankfurter Schule. Die Frankfurter Schule ist nicht zuletzt deshalb zu einem Menetekel für die technokratischen Macher der wissenschaftlich-technischen Welt geworden, weil ihre Analysen unbeschadet bzw. trotz ihrer neomarxistischen Implikationen weithin zutreffend sind. In den Vorüberlegungen wurde die Frage gestellt, ob und wie weit heutige Erscheinungen wie die linkssektiererischen Studenten- und Schülergruppen, die Kämpfer gegen Tierversuche, die Umweltschützer, die Atomkraftgegner, die Vertreter eines alternativen Lebens und die Repräsentanten eines nostalgischen Lebensgefühls bewußt oder unbewußt in je ihrer Art das Erbe der Frankfurter Schule repräsentieren. Diese Frage kann nunmehr in vieler Hinsicht bejaht werden.
Das Gefühl der Sinnlosigkeit des Lebens, die Unsicherheit in der Frage von Grundwerten und Grundrechten, die Unzufriedenheit vieler mit den etablierten Parteien, sowie die Institutionsverdrossenheit weiter Kreise der Bevölkerung sind nicht zuletzt Folge einer wissenschaftlich-technischen Programmierung unseres Denkens und einer entsprechenden Gestaltung unserer Welt, in der das Funktionieren einen höheren Stellenwert gewonnen hat als die Frage einer überzeugenden Lebens- und Daseinsdeutung. Durch diese Übersteigerung wird jedoch schließlich das Funktionieren selbst so sinnlos, daß insbesondere viele Jugendliche auch Störungen und Zerstörungen als angemessene Mittel betrachten, um unter jeweils wechselnden konkreten Zielsetzungen und Parolen ihrem tiefen Ungenügen an dieser öden Gesellschaft Ausdruck zu geben.
Die in ihrem Denksystem befangenen Macher der modernen Gesellschaft täuschen sich über diese Situation. Wenn sie das Gespräch suchen, dann zumeist in der illusionären Hoffnung, sie könnten das Unbehagen und den Widerstand überwinden, indem sie durch rationalistische Argu-

mente punktuell die Notwendigkeit ihrer jeweiligen Pläne und Maßnahmen einsichtig machen. Offensichtlich ist ihnen kaum bewußt, daß Auseinandersetzungen über konkrete Fragen in diesem Falle den Ernst der Situation nicht erfassen, sondern eher überspielen, da sie jeweils auf konkrete Symptome fixiert sind, jedoch die tiefere Ursache übersehen: Das tiefe Gefühl der Fragwürdigkeit und Sinnlosigkeit des Lebens in einer undurchschaubaren Gesellschaftsmechanerie, die in ihrem eigenen möglichst reibungslosen Dahinklappern ihre einzige Legitimation besitzt.

Im Gegensatz zu diesen technokratischen Machern, die die Krise der Zeit auf einer allzu vordergründigen Ebene in den Griff zu bekommen trachten, haben Adorno und Horkheimer zumindest in ihrer Spätphase erkannt und dargelegt, wo das wirkliche Problem zu suchen ist. In diesem Willen, den Dingen auf den Grund zu gehen, liegt zugleich die eigentliche Ursache für die Konvergenz zwischen dem Denken Adornos und Horkheimers und dem jener Repräsentanten christlicher Überzeugungen, die sich den Problemen der modernen Welt weder durch „fortschrittliche“ Anpassung, noch durch konservative Einigelung entziehen. Zur Verdeutlichung dieser Konvergenz sei im folgenden auf einige zentrale Feststellungen Adornos und Horkheimers und die entsprechenden christlichen Grundüberzeugungen hingewiesen.

Adorno bezeichnet es in seiner Negativen Dialektik als deren „Scharnier“, sich dem konkreten Einzelnen in seiner je besonderen Qualität zuzuwenden. Er wehrt sich dagegen, dieses konkrete Einzelne nur als Exemplar eines Allgemeinen zu betrachten und es primär quantitativ zu erfassen. Dieser Impuls Adornos konvergiert mit der jüdisch-christlichen Überzeugung, daß Gott der Schöpfer des Himmels und der Erde ist und daß er durch sein Wort Pflanzen und Tiere entstehen ließ und dem Menschen von Seinem Odem Leben verlieh. Bezeichnenderweise wird in dem bildhaften und anschaulichen Bericht des Alten Testaments Gott als der Schöpfer der jeweils konkreten Wirklichkeit dargestellt; jedoch nicht als ein Konstrukteur, der zunächst Pläne und Entwürfe anfertigt oder im Sinne Platos in einer ersten Phase Ideen entwickelt, die er dann – wenngleich mit Abweichungen und Mängel behaftet – in die Wirklichkeit umsetzt. Das Alte und Neue Testament bezeugt immer wieder, wie sich Gott dem einzelnen konkreten Menschen zuwendet. Theologen haben zwar darüber gestritten, ob der im Alten Testament niedergelegte Ausspruch Gottes „Ich habe dich beim Namen gerufen, du bist mein" sich primär auf den einzelnen oder auf das Volk Israel insgesamt bezieht. Unbestreitbar jedoch ist, daß Gott nach den Berichten des Alten Testamentes immer wieder einzelne Menschen beim Namen ruft und dabei keinen anderen als diesen einen meint. Hervorragendes Beispiel hierfür sind die Berufungen von Propheten und Führern Israels. Vergleichbares findet sich im Neuen Testament bei der Berufung von Jüngern oder auch bei der Bekehrung des Paulus.

Wie hoch nach christlicher Überzeugung jeder konkrete Mensch einzuschätzen ist, dokumentiert sich unübersehbar in der Überzeugung, daß Jesus Christus den Tod am Kreuz für jeden Menschen auf sich genommen hat und daß er ihn dementsprechend auch dann auf sich genommen hätte, wenn es „nur" um Rettung und Heil eines einzigen gegangen wäre. In diesem Zusammenhang kann auch auf das Gleichnis vom Hirten hingewiesen werden, der um eines verirrten Schafes willen die gesamte Herde der Gefahr aussetzt.

Der unwägbare Wert des einzelnen beruht nach christlicher Überzeugung letzten Endes darauf, daß er von Gott bejaht wird und daß Gott in seiner Treue an dieser Bejahung festhält. Die Liebe ist nach dieser Überzeugung das Motiv der Schöpfung und der Erlösung, aber auch die Art und Weise, wie sich Gott ständig zu seinen Geschöpfen verhält. Die Frage nach der Glaubwürdigkeit dieser christlichen Überzeugung hängt eng mit der Grundproblematik zusammen, der sich Adorno in seiner Negativen Dialektik zuwendet. Wer den anderen als Exemplar betrachtet, kündigt damit die personale Beziehung zwangsläufig auf. Die Diffamierung der Juden zu Exemplaren einer Rasse war die Voraussetzung ihrer Vernichtung durch eine am funktionalen Optimum ausgerichtete Todesmechanerie. Die

Forderung Adornos, sich dem Nicht-Identischen zuzukehren, bedeutet im Hinblick auf den Menschen, sich dem konkreten Menschen, der nicht durch Allgemeinbegriffe gefaßt wird, sondern einen Namen trägt, zuzukehren. Eine solche Zuwendung ist die Voraussetzung der Liebe.

Die Forderung nach einer Zuwendung zum konkreten Einzelnen ist in der Negativen Dialektik Adornos verbunden mit einer Absage an die den einzelnen überrollende bzw. absorbierende Dialektik von Hegel und Marx und schließlich mit einer Absage an die Dialektik überhaupt. Für die Beurteilung des inneren Zusammenhangs zwischen diesen Forderungen ist aufschlußreich, wie Hegel zu seiner dialektischen Konzeption des Ganges der Geschichte gekommen ist. Das Motiv für Hegels Überlegungen war sein Bestreben, die Offenbarung mit der Vernunft in Einklang zu bringen. Sein Schlüsselerlebnis war – hierin ist er Kant vergleichbar – die Französische Revolution. Daß mit der Französischen Revolution jedem Menschen Freiheit als Rechtsprinzip zugesprochen wurde, weil er Mensch sei, war für Hegel ein handfester Beweis für das Wirken Gottes in der Geschichte. Denn nach seiner Überzeugung war das Thema der Freiheit, ein Grundthema der Offenbarung, wie er es insbesondere in Luthers reformatorischen Schriften herausgestellt fand, durch die Etablierung der bürgerlichen Freiheit weltgeschichtlich von der Verheißung in die Erfüllung übergegangen.[204] In diesem Sinne bestätigte für Hegel der Erfolg der Freiheitsparole der Französischen Revolution das Wirken Gottes in der Geschichte: „Die Realisierung des Begriffs der Freiheit ist das Ziel der Weltgeschichte. Ihre Entwicklung ist die wahre Theodizee."[205] Als seine Aufgabe betrachtete Hegel es nunmehr, dieses Wirken Gottes in der Geschichte überzeugend aufzuweisen und zu deuten.

Der Ausgangspunkt seiner Überlegungen war die christliche Lehre von der Dreifaltigkeit. Hegel bezieht diese Lehre auf die Geschichte: Gott, der Vater, das ewige In-und-bei-sich-Sein, entäußert sich in die Schöpfung. Angesichts der Vielfalt des Geschaffenen bedeutet diese Entäußerung nach Hegel zugleich „Partikularisation" und Entzweiung sowie im Hinblick auf das ursprüngliche Bei-

sich-Sein Gottes „Gottes-Ferne“. Das furchtbarste Dokument dafür ist der Tod Jesu am Kreuz in Gottverlassenheit. Die Entzweiung Gottes und die Gottverlassenheit der Schöpfung wird jedoch überwunden durch die Auferstehung, durch den Prozeß der Versöhnung, im Wirken des Heiligen Geistes in der Gemeinde.
So umstritten es auch sein mag, ob und wieweit Hegel diese in seinen frühen Schriften nachweisbare Bindung der Dialektik an die Trinität in seinen späteren Werken ernsthaft durchzuhalten suchte, so aufschlußreich ist dieser Ausgangspunkt zur Erfassung ihrer geistesgeschichtlichen Bedeutung. Die Hegelsche Dialektik kann betrachtet werden als ein titanenhafter Versuch, den Ewigen Dreifaltigen Gott in dem sich in einem dialektischen Dreischritt vollziehenden Ablauf der Geschichte zu erfassen.
Ein vergleichbares Schema der „Dreieinigkeit“ ist nach Hegels Überzeugung auch der Schlüssel für das Verständnis der Natur. Hier betrachtet er – in Anlehnung an Plato – das Reich der Begriffe bzw. Wesenheiten, das von der Logik als Lehre vom Sein erschlossen, bzw. entwickelt wird, als den „Geist an sich“. Die konkrete Natur repräsentiert dann den „Geist für sich“, das heißt den Geist in seinem – von den Begriffen abweichenden – Anderssein, bzw. in seiner Selbstentfremdung. Die Philosophie des Geistes, die sich dem „Geist an und für sich“ zuwendet, arbeitet damit zugleich am Werke der Versöhnung. Zu dieser Konzeption stellt Günter Rohrmoser fest, es sei „für Hegel ‚die Philosophie, die der Natur, insofern sie als die endliche und einzelne betrachtet wird, eine mögliche Versöhnung darbietet, deren ursprüngliche Möglichkeit, das Subjektive im ursprünglichen Abbilde Gottes gesetzt ist, ihr Objektives aber, die Wirklichkeit in seiner ewigen Menschwerdung, die Identität jener Möglichkeiten und dieser Wirklichkeit aber durch den Geist als das Einssein des Subjektiven mit dem fleischgewordenen Gotte: so daß die Welt an sich rekonstruiert, erlöst und ... geheiligt ist‘ ... Nur der trinitarisch begründete Glaube ist für Hegel christlicher Glaube, und nur der diesen seinen Grund bewahrende Glaube ist der Glaube der Freiheit. Nur von der Erneuerung der Trinität aus ist Hegels Lehre von der Versöhnung verständlich.“[206]

Die Absage Adornos an die Dialektik ist angesichts der Entwicklung der Dialektik aus der Dreieinigkeit durch Hegel für den Christen zugleich eine Herausforderung, die Lehre von der Trinität neu zu bedenken. Dabei erweist sich die Dreifaltigkeit als das Urbild dessen, was Adorno in seiner Negativen Dialektik ersehnt. Sie ist bleibende „Versöhnung" zwischen Einheit und Besonderheit, ein Zustand, der „Kommunikation des Unterschiedenen", in dem sich „weder die ununterschiedene Einheit von Subjekt und Objekt, noch ihre feindselige Antithetik ... vorstellen" läßt.[207] Während die Dialektik unaufhaltsam in einem ehernen Dreischritt fortschreitet, indem sie das Besondere jeweils in neuen Synthesen verschlingt und aufhebt, ist der Dreifaltige Gott von Ewigkeit zu Ewigkeit gekennzeichnet durch eine lebendige Einheit im Wesen, welche die bleibende Verschiedenheit und wechselseitige Liebe der Personen einschließt.

Nach der christlichen Glaubenslehre sind die Menschen zu einer Teilhabe am ewigen Leben Gottes „in seinem Reich" berufen. Dieses Reich ist keine Welt reiner Ideen. Vielmehr wurde zusammen mit der Auferstehung des Leibes ein neuer Himmel und eine neue Erde verheißen. Auch dort herrscht ein Zustand, der dem von Adorno ersehnten Zustand der Versöhnung entspricht: Die Verschiedenheit der Menschen wird nicht negiert oder gar annulliert, sondern als Reichtum eingebracht in einen nicht mehr der Zeitlichkeit unterworfenen und daher nicht mehr gefährdeten ewigen Frieden.

Dieser Konvergenz zwischen Kritischer Theorie und christlicher Theologie im Hinblick auf Erhofftes und Verheißenes entspricht eine konvergierende Beurteilung der irdischen Situation. Weder Horkheimer noch Adorno haben die Illusion, daß die irdischen Zustände sich jemals so gestalten lassen, daß sie die Hoffnungen und Sehnsüchte der Menschen erfüllen. In dieser realistischen Einschätzung liegt einer der Gründe, aus denen sie sich von den revolutionären Aktivisten zunehmend distanzierten. Während diese entweder durch eine Große Weigerung oder durch Kampf für die Verwirklichung einer Realutopie paradiesische Zustände auf Erden zu schaffen hofften, erklärte Max Horkheimer unmißverständlich, daß „die großartigste Lehre in beiden Religionen, der jüdischen wie der christlichen ... die Lehre von der Erbsünde" sei.[208] Er war sich dessen bewußt, daß es hier auf Erden immer nur relative Verbesserungen des Lebensstandards und der gesellschaftlichen Verhältnisse geben könne und daß auch diese Verbesserungen in der Regel ihren Preis kosten. In diesem Sinne waren sich Adorno und Horkheimer mit der christlichen Theologie darin einig, daß der Einsatz für eine Verbesserung der irdischen Zustände nicht verwechselt werden dürfe mit der Erfüllung der Sehnsucht des Menschen nach Glück und daß die tief verwurzelte Hoffnung des Menschen auf Gerechtigkeit sich letzten Endes nicht allein durch die Anerkennung rechts- und sozialstaatlicher Prinzipien erreichen läßt. Lapidar stellt Max Horkheimer fest: „Wenn die Gerechtigkeit bei Gott ist, dann ist sie nicht im selben Grade in der Welt."[209]

2. Die Frage nach der Wahrheit als Schranke zwischen Kritischer Theorie und christlichem Glauben

Die im letzten Abschnitt festgestellte Konvergenz zwischen Kritischer Theorie und christlicher Theologie hat weder bei Adorno noch bei Horkheimer zu einer „Bekehrung" geführt. Diese Abstinenz beschränkt sich nicht auf das Christentum. Sie gilt vielmehr jeder bestimmten Religion und jedem formulierbaren Gottesglauben. Daher widerspräche es der gebotenen Achtung vor den Toten und der geistigen Redlichkeit, diese Denker zu irgendwie gearteten „Gläubigen" oder gar zu „anonymen Christen" zu machen.

Für Max Horkheimer bildet das Leid der Welt das größte Hindernis, der christlichen Offenbarung zu vertrauen. In Anlehnung an alte Argumente formuliert er, „die Lehre der christlichen Religion, daß es einen allmächtigen und gütigen Gott gibt", sei „angesichts des Leidens, das seit Jahrtausenden auf dieser Erde herrscht, kaum glaubhaft".[210]

Adorno hat seine Haltung zum Christentum in einigen Thesen zu „Vernunft und Offenbarung" niedergelegt. Sie wurden im Jahre 1957 als Diskussionsgrundlage für ein Gespräch mit Eugen Kogon formuliert und mehr als ein Jahrzehnt später in den Sammelband „Stichworte – Kritische Modelle 2" aufgenommen.[211] Wie Adorno im Juni 1969, also wenige Wochen vor seinem Tod, im Vorwort dieses Bandes schreibt, wollte er durch diese Veröffentlichung seine Kritik am Positivismus vorm restaurativen Mißverständnis ... beschützen".[212] Es handelt sich also um Gedanken, die zwar 1957 fixiert wurden, zu denen Adorno jedoch auch nach dem Erscheinen seiner Negativen Dialektik rückhaltlos steht.

Wie diese Thesen zeigen, ist und bleibt sich Adorno zwar der Problematik aufgeklärten Denkens bewußt. Kritik an der Aufklärung bedeutet jedoch für ihn nicht Annullierung aller Kritik, welche die Aufklärung ihrerseits am überkommenen Offenbarungsglauben geübt hat. Engagiert wehrt sich Adorno gegen das Bestreben, „anstelle sachlicher Besinnungen über Wahrheit und Falschheit die Entscheidungen der Zeit als solcher zuzuschieben und womöglich das Vorgestrige gegen das Gestrige auszuspielen".[213]

In diesem Zusammenhang berichtet Adorno von einer Dame, „deren Familie nach stürmisch aufklärerischem Intermezzo zur Religion ihrer Kindheit zurückgekehrt" war und ihm zur Erklärung versicherte: „Heute ist es ja längst nicht mehr unmodern, wenn man gottgläubig ist".[214] Im Anschluß daran bemerkt Adorno: „Im besten Fall – also wo es sich nicht bloß um Nachahmung und Konformismus handelt – ist der Wunsch der Vater solcher Haltung: nicht die Wahrheit und Authentizität der Offenbarung entscheidet, sondern das Bedürfnis nach Orientierung, der Rückhalt am festen Vorgegebenen; auch die Hoffnung, man könne durch den Entschluß der entzauberten Welt jenen Sinn einhauchen, unter dessen Abwesenheit man solange leidet, wie man als bloßer Zuschauer aufs Sinnlose hinstarrt."[215]

Im weiteren Verlauf seiner Überlegungen stellt Adorno fest, daß sich „die Renaissance der Offenbarungsreligion

... mit Vorliebe auf den Begriff der Bindungen, die notwendig seien" berufe.[216] Man wähle „gleichsam aus prekärer Autonomie das Heteronome".[217] Adorno betrachtet diese Suche nach Bindungen als eine Schwäche, die sich allerdings selbst anders interpretiere, indem sie sich als eine Überwindung „der Beschränktheit des Egoismus, des bloßen Einzelinteresses" empfehle.[218] Nach Adornos Überzeugung ist jedoch die moderne Wendung zur Transzendenz letzten Endes vornehmlich ein Deckmantel „immanenter gesellschaftlicher Hoffnungslosigkeit".[219] Demgegenüber unterstreicht er, daß allein die Frage nach der Wahrheit das Kriterium für die Stellungnahme zur Offenbarung sein dürfe.

In einem geistesgeschichtlichem Rückblick gesteht Adorno zu, daß in früheren Zeiten einmal das Bekenntnis zum Christentum identisch mit einer Entscheidung für die Wahrheit gewesen sei. Damals sei das Verhältnis von Vernunft und Offenbarung grundlegend anders gesehen worden als in den Zeiten moderner Theologie. Adorno versichert: „Die große Scholastik, vorab die Summen des Thomas, hatten ihre Kraft und Würde daran, daß sie, ohne den Begriff der Vernunft zu verabsolutieren, nirgends ihn verfemten ... Die Thomistische Lehre reflektierte nicht bloß die ... Ordnung ihrer Epoche, sondern entsprach auch deren fortgeschrittenstem wissenschaftlichen Stand."[220]

In dieser Auffassung stimmt Adorno mit Horkheimer überein, der ebenfalls feststellt, die Hochscholastik habe „zwischen theologischem und säkularem Wissen keinen Widerspruch gekannt", wenngleich sie einige „wenige der höchsten christlichen Wahrheiten allein dem übernatürlichen Licht zugeschrieben"[221] und damit die Unmöglichkeit ihrer Erfassung durch die rein natürliche menschliche Vernunft erklärt habe. Insgesamt jedoch besaß man „ein Bild des Universums, in dem göttliche und irdische Wissenschaft, göttliches und irdisches Gesetz vereinigt waren."[222]

Was Horkheimer der Theologie bzw. den Christen auch des Mittelalters engagiert vorwirft, sind „die Untaten, die im Namen Gottes begangen wurden".[223] Man habe „mit blutgierigen Merowingern und Karolingern, den Demagogen der Kreuzzüge, mit der Heiligen Inquisition" ein

„Bündnis geschlossen oder wenigstens einen modus vivendi gefunden".[224].
Während Adorno und Horkheimer der Scholastik, die sich um eine Vermittlung zwischen Glauben und Vernunft bemühte, Achtung zollen, werfen sie dem Christentum von heute Irrationalismus vor. Er komme „zum Ausdruck in der zentralen Stellung des Begriffs der religiösen Paradoxie".[225] Adorno nennt in diesem Zusammenhang insbesondere die dialektische Theologie. Seit dem Zeitalter des Nominalismus, zumal bei Luther, sei die Theologie dazu übergegangen, den Begriff der Vernunft zu verfemen. In sachlicher Übereinstimmung damit erklärt Horkheimer, im Christentum nach Luther stehe „die der Bibel eigene Weltansicht neben den ihr widersprechenden neuen wissenschaftlichen Ansichten, unvermittelt durch Philosophie".[226]
Als geheimes Motiv der Verfemung der Vernunft erscheint die Unfähigkeit der Theologen, den kritischen Argumenten des aufgeklärten Denkens standzuhalten, nachdem das neue naturwissenschaftliche Weltbild sowie insbesondere die gesellschaftliche Lebenswelt des modernen Menschen in Gegensatz zur biblischen Weltsicht und ihrer Gesellschaftserfahrung geraten sind. Horkheimer kennzeichnet diese Situation mit der Frage: „Wie sollen Denkende in dem von Wissenschaft durchherrschten Leben die Welt, das Universum als Geschöpf des Einen, Höchsten fassen, wenn überall in der Natur das Höhere auf Primitives zurückweist, dem es entstammt, nicht umgekehrt?" Und er fügt an Stelle einer direkten Antwort hinzu: „Daß Seelisches, im Leben unablässig gefährdet, nach dem Zerfall des Nervensystems in seiner Individualität bestehen soll, da doch Individualität, die Einzigartigkeit des Einzelnen, seit je die Spur des Ephemeren in sich trug, spottet aller Erfahrung ... Was die Tatsachen im Sinne ewiger Bedeutung transzendiert, wird zur unhaltbaren Illusion, zum Feld freien Spekulierens, eine überholte, früheren Stufen menschlicher Entwicklung entsprechende Welterklärung."[227] Im Anschluß daran lehnt Horkheimer den Einwand, daß ja heute Wissenschaft und Glaube sich gegenseitig tolerieren, ab, indem er kritisch feststellt: „Der faule

Friede zwischen Wissenschaft und Glauben als verschiedenen Fächern, eines für ... die Wirklichkeit, das andere für die Seele, bedeutet Resignation der Theologie. Der Sieger ist generös ... Absolute Wahrheit, was immer das heißen mag, wird von exakter Forschung gern den Geistlichen wie Künstlern jeder Observanz überlassen."[228]

So hat nach Horkheimers wie nach Adornos Auffassung der Glaube die Übereinstimmung mit der Erkenntnis oder wenigstens die fruchtbare Spannung zu ihr verloren. Da er sich keinem Wahrheitskriterium der Vernunft mehr stellt, wurde das objektive Element aus der Religion ausgeschieden. Offenbarungsreligion und Erkenntnis existieren wie Adorno formuliert „beide als Sparten des Kulturbetriebes nebeneinander".[229] Obgleich „die Zumutung der Offenbarungsreligion ans Bewußtsein seit der Aufklärung nicht zurückgegangen, sondern ins Ungemessene gestiegen" sei, errege sich freilich kaum noch jemand darüber, da man Offenbarungsreligion und Erkenntnis „überhaupt nicht mehr zusammenbringen kann".[230]

Die ursprünglich engagierte Kritik der Aufklärung an der Religion sei längst umgeschlagen „in jene Gleichgültigkeit, die mit dem Namen Toleranz sich ein Mäntelchen von Humanität umhängte".[231] Anstelle ernsthaften Ringens um verbindliche Wahrheit trat das für andere unverbindliche religiöse Bedürfnis des einzelnen. In diesem Sinne stellt Adorno fest: „Warum einer *den* Glauben annehmen soll und nicht einen anderen, dafür ist dem Bewußtsein heute kein anderer Rechtsgrund gegeben, als einzig sein eigenes Bedürfnis, das Wahrheit nicht verbürgt."[232]

In einer solchen Lage sieht Adorno für die Verkündiung der Offenbarung nur zwei Möglichkeiten: „Entweder man müßte sie den veränderten Zeitläufen anpassen; das wäre mit der Autorität von Offenbarung unvereinbar. Oder man präsentierte die gegenwärtige Realität mit Forderungen, die unerfüllbar sind oder an ihr Wesentliches, das reale Leiden der Menschen, nicht mehr heranreichen."[233] Auch das wäre letzten Endes kein Ausweg. Daher kann die Glaubwürdigkeit der Offenbarungsreligion nach Adornos Überzeugung heute weder so noch so wiederhergestellt werden, und es wäre in dieser Misere „ein bloßer Trick ...

das Scheitern des endlichen Menschen selbst zu einer religiösen Kategorie zu verklären".[234]

Im Rahmen seiner Überlegungen lehnt Adorno auch die Tendenz mancher Vertreter des Judentums ab, „kaum Glaubenssätze zu stipulieren und nichts anderes zu verlangen, als daß man dem Gesetz nachlebe".[235] Gegen einen solchen Versuch, dem Dilemma zu entrinnen, wendet Adorno ein: „Mag immer damit die Antinomie von Erkenntnis und Glauben umgangen, mag selbst die Entfremdung zwischen dem religiösen Gebot und dem Subjekt überbrückt sein, unausgesprochen ist der Widerspruch weiter am Werk. Denn die Frage, woher die Autorität der Lehre stammt, ist nicht gelöst, sondern abgeschnitten . . ."[236]

Es ist also letzthin die unerbittliche Frage nach Wahrheit, die Adorno nicht nur zu einer Ablehnung der Offenbarung im Sinne einer Ablehnung des Dogmas drängt, sondern es ihm auch verwehrt, in einer durch kein Dogma begründeten Erfüllung des Gesetzes einen Ausweg zu suchen. Er schließt seine Überlegungen mit dem Satz: „Darum sehe ich keine andere Möglichkeit als äußerste Askese jeglichem Offenbarungsglauben gegenüber, äußerste Treue zum Bilderverbot, weit über das hinaus, was es einmal an Ort und Stelle meinte."[237] Auch hierin trifft sich Adorno mit Horkheimer, der versichert, „daß wir über Gott eben nichts aussagen können", und hinzufügt: „Das ist nicht nur ... eine Behauptung, die auf mein Judentum zurückgeht, sondern ein entscheidender Grundsatz der Kritischen Theorie."[238]

Allerdings bedeutet die äußerste Treue zum Bilderverbot, die sich aus der schlechthinnigen Inkommensurabilität des Anderen ergibt, weder für Horkheimer noch für Adorno eine Absage an den, von dem kein Bild gemacht werden darf und kann. Daher ist es unzulässig und kurzschlüssig, Adorno als „ganz unbeirrt atheistisch" zu bezeichnen und ihn damit für den Atheismus zu vereinnahmen, wie das Habermas in der nach Adornos Tod erschienenen Gedenkschrift getan hat.[239] Eine solche dezidierte Entscheidung für den Atheismus, und gar noch eine „ganz unbeirrte", wäre für Adorno nicht weniger „willkürlich" als eine Entscheidung für eine bestimmte Religion, da für ihn der Atheismus im Hinblick auf die Wahrheitsfrage ebenso wenig überzeugend ist wie die überkommenen Formen des Theismus.

Wie am Anfang dieses Kapitels festgestellt wurde, wäre es unzulässig, das Gewicht von Adornos Überlegungen über „Vernunft und Offenbarung", in denen er den Offenbarungsreligionen eine Absage erteilt, mit Hinweis auf die später konzipierte Negative Dialektik zu bestreiten. Ebenso unzulässig ist es jedoch, wie jetzt betont werden muß, die Offenheit, die Adorno in der Negativen Dialektik bei der Frage nach Transzendenz mehrfach bekundet, unter Hinweis auf die Ablehnung von Offenbarungsreligionen in seiner Untersuchung „Vernunft und Offenbarung" herunterzuspielen oder gar zu leugnen. Es gehört vielmehr zu den Konstanten im Denken Horkheimers und Adornos, daß ihre „Kritische Theorie ... zumindest einen Gedanken ans Theologische, ans Andere" enthält.[240]

Wenn Habermas Adorno für den Atheismus reklamiert, so beruht diese Fehleinschätzung letzten Endes auf einer eigenen geistigen Vorentscheidung. Habermas behauptet gegenüber Adorno polemisch „der Begriff der kategorial anderen Wissenschaft und Technik" sei „so leer wie die Idee der universalen Versöhnung grundlos".[241] Befangen in diesem seinem eigenen Denken vermag Habermas auch bei Adorno nur einen subjektiven Grund für dessen Erwartung universaler Versöhnung zu vermuten, das „Bedürfnis der Tröstung und der Zuversicht angesichts des Todes".[242] Habermas kann nicht verstehen, warum Adorno sich nicht bereit gefunden hat, „die Idee der Versöhnung zu der der Mündigkeit zu mildern"[243] und sie damit auf das rein Weltimmanente zu reduzieren. Zutiefst zeigt eine solche Kritik freilich nur, daß Habermas den Ernst des Zwiespaltes und der Spannung übersieht, die Adorno durchaus nicht aus Gleichgültigkeit, sondern aus Redlichkeit ungelöst auszuhalten sucht, da er eine verantwortbare Lösung nicht zu erkennen vermag.

Tatsächlich übersieht oder unterschätzt Adorno ja keineswegs das Gewicht der Argumente, die gegen jedes Spekulieren auf Transzendentes sprechen. Bei seinen Überlegun-

gen zur Hoffnung auf eine Auferstehung des Fleisches spricht er von unerträglichen Zumutungen, die diese metaphysische Spekulation bereite, und formuliert unmißverständlich: „Erkenntnis neigt sich tief auf die Seite der absoluten Sterblichkeit, dem ihr Unerträglichen, vor dem sie sich zum absolut Gleichgültigen wird. Dazu treibt die Idee der Wahrheit, unter den metaphysischen die oberste."[244] Im Gegensatz zu dem sich konsequenter dünkenden Habermas weiß Adorno allerdings, daß diese Feststellungen und Argumente das Gesamtproblem nur einseitig treffen und daher nur scheinbar klar zu lösen vermögen.
Im Gegensatz zu Habermas gibt Adorno auch der anderen Seite des Problems angemessene Beachtung. Er zögert nicht, unzweideutig festzustellen, daß die Theologie „negativ, Kraft des Bewußtseins der Nichtigkeit ... gegen die Diesseitsgläubigkeit recht" behalte.[245] Für Adorno gewinnt diese Feststellung um so größere Bedeutung angesichts der Erkenntnis, daß der Weltlauf nicht geschlossen ist, daß das Bewußtsein der Geschlossenheit vielmehr „erborgt ist vom idealistischen System ... und so trügerisch wie jegliches."[246]
In Übereinstimmung damit formuliert Horkheimer die Überzeugung „daß die Welt Erscheinung ist, daß sie nicht die absolute Wahrheit, das Letzte" ist.[247] Gewiß spricht Horkheimer in diesem Zusammenhang von der „Sehnsucht" nach dem ganz Anderen und von der „Furcht", daß es Gott nicht gebe, und fordert dadurch das Mißverständnis von Habermas heraus, hier trete das „Bedürfnis der Tröstung" an die Stelle von Argumenten. Für Horkheimer jedoch ist die Sehnsucht nach dem ganz Anderen zusammen mit der Furcht, daß es ihn nicht gebe, Ausdruck des gleichen Zwiespaltes und der gleichen Spannung, die auch Adorno nur redlich auszuhalten, jedoch nicht zu lösen vermag. Sehnsucht wie Furcht wurzeln beide in Erkenntnissen und Erfahrungen in einer dem Menschen vorgegebenen und vielleicht auch aufgegebenen, jedoch die menschlichen Erkenntnismöglichkeiten übersteigenden Wirklichkeit. Es gehört zum Wesen dieser Wirklichkeit, an der der Mensch selbst teilhat, in ihrer Offenheit auf Transzendenz hinzuweisen. Das letztlich Unauslotbare, Unerforschbare

und Undurchschaubare fordert Deutung; ungedeutet beunruhigt es. Wie Horkheimer und Adorno feststellen, neigt der moderne Mensch dazu, dieses beunruhigende Unbekannte zu verdrängen. Er glaubt, der Furcht „ledig zu sein, wenn es nichts Unbekanntes mehr gibt".[248] In diesem Sinne ist die wissenschaftliche Aufklärung mit ihrem Programm der Lösung aller Welträtsel nach Adornos und Horkheimers Überzeugung „die radikal gewordene mythische Angst. Die reine Immanenz des Positivismus, ihr letztes Produkt, ist nichts anderes als ein gleichsam universales Tabu. Es darf überhaupt nichts mehr draußen sein, weil die bloße Vorstellung des Draußen die eigentliche Quelle der Angst ist."[249]

Horkheimer und Adorno lehnen diese Verdrängung ab und halten die Ungewißheit, Undurchschaubarkeit und Unabgeschlossenheit der Welt aus, indem sie sich zur Sehnsucht nach dem Anderen ebenso bekennen wie zur Furcht, daß es Ihn nicht gebe. Insbesondere bei Adorno drängen die Gedanken jedoch in ihrer eigenen Konsequenz noch weiter auf Grund der „Erfahrung, daß der Gedanke, der sich nicht enthauptet, in Transzendenz mündet, bis zur Idee der Verfassung der Welt, in der nicht nur bestehendes Leid abgeschafft, sondern noch das unwiderruflich Vergangene widerrufen wäre."[250]

So sehr Adorno zugesteht, daß diese Verfassung der Welt samt der Auferstehung des Fleisches der Konsequenz seiner eigenen Überlegungen entspräche, so entschieden vermeidet er bei derartigen Formulierungen den Indikativ, da er sich nicht zutraut, diese Konsequenz als positive Feststellung vor dem Tribunal der Wahrheit argumentativ erfolgreich zu vertreten. Er sieht sich vielmehr in einer Pattsituation von Argumenten und Gegenargumenten. Vergleichbares gilt für Max Horkheimer. Er zögert, im Indikativ festzustellen, daß es für unser Urteilen und unser Handeln Maßstäbe gibt, die letztlich in der Bezogenheit der Schöpfung auf den Schöpfer gründen. Statt dessen formuliert er mit bewußter Distanz: „Im Gottesbegriff war lange Zeit die Vorstellung aufbewahrt, daß es noch andere Maßstäbe gäbe als diejenigen, welche Natur und Gesellschaft in ihrer Wirksamkeit zum Ausdruck bringen."[251]

So läßt sich zusammenfassend feststellen, daß sich die Gedanken Horkheimers und Adornos ihrer inneren Konsequenz entsprechend mit Inhalten der christlichen Offenbarung treffen, daß jedoch weder Horkheimer noch Adorno sich zu dieser Offenbarung bekennt, da sie beim Stande ihrer Überlegungen die Wahrheitsfrage nicht positiv zu beantworten wagen.

3. Gegenwärtige Tendenzen der Theologie als Ausweichen vor der Wahrheitsfrage

Wer sich mit wissenschaftstheoretischen Problemen beschäftigt, weiß, wie schwierig und vielschichtig die Frage nach Wahrheit ist. Noch schwieriger wird es, wenn man nicht nur von Wahrheit allgemein, sondern von Wahrheit, die Gott geoffenbart hat, spricht. Einerseits ist dank der absoluten Glaubwürdigkeit des Autors Wahrheit verbürgt, sofern Gott etwas offenbart, andererseits jedoch ist – auch nach der Überzeugung derer, die glauben – Offenbarung nur in Zeugnissen faßbar, die zumindest in der Form, in der wir sie besitzen, nicht unmittelbar von Gott stammen. Das heißt konkret: Die Bücher des Alten und Neuen Testaments, in denen die verbindliche Grundlage des Offenbarungsglaubens zusammengefaßt ist, wurden jeweils von Menschen geschrieben. Sie sind daher auch nach der Überzeugung der Kirche nicht nur Gottes Wort, sondern auch der Menschen Wort.[252]
Dieses Nicht-nur-sondern-Auch bzw. Sowohl-als-Auch ist von einer Art, die es unmöglich und unangemessen macht, durch wissenschaftliche oder sonstige Verfahren Gotteswort und Menschenwort voneinander zu trennen, um so durch Filterung oder Destillation schließlich das von Menschenwort „gereinigte" Gotteswort übrig zu behalten. Dies gilt nicht nur für Kundgaben Gottes, die im Alten Testament überliefert werden, und für die Stimme „des Vaters" im Neuen Testament, sondern auch für das, was Jesus Christus gesagt hat. Gewiß haben Neutestamentler versucht, von bestimmten in den Evangelien überlieferten

Worten nachzuweisen, daß sie tatsächlich Jesu ureigenste Worte sind. Diese Bestrebungen haben jedoch trotz allen Scharfsinns insgesamt wenig Erfolg gehabt. Es ist nicht gelungen, von einer nennenswerten Zahl von Jesusworten mit Sicherheit nachzuweisen, daß sie genau so gesprochen worden sind, wie sie überliefert werden. Vor allem jedoch läßt sich aus diesen Worten - selbst wenn man den Maßstab für die Auswahl verhältnismäßig großzügig wählt - keine Sammlung authentischer Jesusworte zusammenstellen, die für sich genommen als Grundlage christlichen Glaubens ausreichte.

Aus diesem Befund ergibt sich ein Spielraum für das Verständnis und die Auslegung der Heiligen Schriften. Da sie nicht reines Gotteswort sind, ist die Frage legitim, ob und wie weit bestimmte Formulierungen und Aussagen durch das zeitgebundene Denken des jeweiligen Verfassers geprägt sind und daher im Kontext der nachfolgenden Zeit eines neuen Verstehens d.h. unter Umständen sogar einer das überkommende Verständnis korrigierenden Auslegung bedürfen.

Solche Korrekturen finden sich bezeichnenderweise schon in den Heiligen Schriften selbst. Eindrucksvolle Beispiele hierfür sind eine Reihe von Jesusworten, die nach dem Schema „zu den Alten ist gesagt worden ..., ich aber sage euch ..." formuliert sind. Besonders aufschlußreich für das Grundproblem sind einige Aussagen Jesu über die Gestaltung der Ehe: Die nach dem Gesetz des Moses mögliche Ehescheidung durch einen Scheidungsbrief des Mannes wird von Jesus als ein Zugeständnis an die Hartherzigkeit der Menschen interpretiert und unter Hinweis auf das, was „am Anfang" war, für nicht verbindlich erklärt.[253] Hier wird von Jesus selbst die Zeitgebundenheit, bzw. die Abhängigkeit von einer bestimmten geschichtlichen Situation und Bewußtseinslage als Motiv für eine zwar vorübergehend zugestandene, aber auf die Dauer letzten Endes von Gott nicht gewollten Regelung bezeichnet.

Die Neuinterpretationen und Korrekturen, die Jesus an der Überlieferung des Alten Testamentes ausdrücklich vornimmt, sind nur besonders auffällige Beispiele für das von der Kirche anerkannte und praktizierte Prinzip, daß das Alte Testament im Neuen erfüllt und im Doppelsinn des Wortes aufgehoben ist, so daß es von daher verstanden und interpretiert werden muß. Erst von dem Neuen Testament her wird nach dieser Überzeugung plausibel, was das Alte Testament in Wahrheit meinte, bzw. worauf es letzthin abzielte.

Analoges gilt jedoch auch für die nachfolgende christliche Zeit. Da sich in Jesus Christus Gott selbst unmittelbar offenbart, kann diese Offenbarung zwar durch nichts übertroffen und überboten werden; das schließt jedoch ein immer tieferes und umfassenderes Verständnis des Geoffenbarten nicht aus. Jesus Christus selbst hat bei der Verheißung des Heiligen Geistes zwar betont, daß der Heilige Geist von dem Seinigen nehmen und verkünden werde, jedoch ebenso klar erklärt, daß seine Jünger erst kraft dieser Mitteilung erfassen werden, was sie „jetzt" – das heißt vor der Sendung des Geistes – noch nicht aufzunehmen vermögen.

Auch die folgende Geschichte der Offenbarung kann insgesamt als eine fortschreitende Klärung betrachtet werden, sofern man diese Klärung nicht als einen eigenständigen Fortschritt autonomer rein menschlicher Erkenntnis mißversteht. Ein hervorragendes Beispiel dafür, daß eine zentrale Offenbarungswahrheit erst im nachhinein angemessen erkannt und formuliert worden ist, ist die Lehre von der Trinität, von der in diesen Überlegungen bereits mehrfach gesprochen wurde.

Da die Tradition des Alten Testamentes in Abwehr der Vielgötterei der Nachbarn Israels einseitig herausgestellt hatte, daß es nur einen Gott gibt, war die Offenbarung dieses einen Gottes als eines dreifaltigen Gottes offensichtlich auch für die in der jüdischen Tradition aufgewachsenen ersten Anhänger Jesu Christi kaum faßbar. Mit vollem Recht unterstreicht der jüdische Denker Schalom Ben-Chorin: „Der Anspruch, mit dem er (= Jesus) auftrat, ging weit über all das hinaus, was das antike Israel von dem Verheißenen erwartete ... Wir kennen keinen Sohn Gottes und erwarten ihn nicht für die Zukunft, sondern wir wissen allzumal, daß wir alle ‚Kinder des lebendigen Gottes' sind, und daß er unser aller Vater und König ist ... Gott

bleibt in jüdischer Sicht immer Gott, und der Mensch bleibt immer Mensch, und selbst der Messias, wenn er ihn erwartet, wird als Mensch von Fleisch und Blut gedacht, nicht als ein dem Vater wesensgleicher Sohn: ‚Ganzer Gott und ganzer Mensch' – wie das Dogma heißt, Israel bekannte und bekennt – und solange ein Jude Atem in sich hat, wird er bekennen: ‚Höre, Israel, der Herr unser Gott, der Herr ist einer.' Wie sollte da der Sohn mit dem Vater in diese Einheit gesetzt und gar noch durch eine dritte Person, den Heiligen Geist, komplettiert werden? Das ist abermals eine Vorstellung, die das hebräische Glaubensdenken nicht vollziehen kann und nicht vollziehen will, denn die wahre Einzighaftigkeit und Einheit Gottes, das unantastbare ‚Eschad' würde dadurch in für uns unvorstellbarem Sakrileg verletzt."[254]
Tatsächlich findet sich die von Schalom Ben-Chorin zitierte Formel „wesensgleich mit dem Vater" so in den Schriften des Neuen Testamentes noch nicht herausgearbeitet. So eindeutig die Schriften des Neuen Testamentes Zeugnis von Jesus als dem Christus, *dem* Sohne Gottes, ablegen und so eindeutig sich in einigen Schriften, insbesondere in den Paulinischen Briefen und dem Johannesevangelium, die Überzeugung findet, daß der, der in den Himmel auffuhr, zuvor vom Himmel herabgestiegen und Mensch geworden ist, so wenig findet sich eine volle Klarheit darüber, ob man Jesus Christus als „wesensgleich mit dem Vater" oder dem Vater untergeordnet zu betrachten habe. Noch weniger findet sich eine Fixierung des Verhältnisses von Vater und Sohn zum Heiligen Geist. Diese Klärungen wurden erst nach heftigen Auseinandersetzungen innerhalb der frühen Christenheit in den großen Konzilien des 4. und 5. Jahrhunderts erreicht und in der Formulierung des großen Glaubensbekenntnisses festgehalten.
Während die Trinitätslehre der großen Konzilien eine Herausstellung einer zunächst nicht eindeutig formulierten Glaubenswahrheit bedeutet, geht es bei anderen Klärungen um die Korrektur zeitbedingter Anschauungen und sachlicher Irrtümer, denen die Verfasser der biblischen Schriften verhaftet waren. Hierzu gehören zeitbedingte Auffassungen über die Stellung der Frau, aber auch irr-

tümliche Vorstellungen über die Anatomie und die Lebensweise bestimmter Tiere und Pflanzen. In diesen Fällen spiegeln die entsprechenden Bücher, insbesondere des Alten Testaments, die damaligen gesellschaftlichen Verhältnisse und den „wissenschaftlichen" Erkenntnisstand der Verfasser der entsprechenden Schriften wider.

Hält man sich die Eigenart der jüdisch-christlichen Glaubensüberlieferung samt ihrer eigenen Geschichte vor Augen, so erweist sich die kritische Stellungnahme Horkheimers und Adornos zur Offenbarung als zu pauschal. So berechtigt ihre Forderung an die Repräsentanten der Offenbarungsreligion ist, sich dem Gespräch mit der Vernunft und der Konfrontation mit dem jeweiligen Erkenntnisstand der Zeit zu stellen, so unzulässig ist es, das Gespräch zwischen Offenbarung und wissenschaftlichem Erkenntnisstand in der Weise zu verlangen, als ob die Offenbarungsschriften „reines" Gotteswort seien und man von der Tatsache absehen könne, daß sie auch Menschenwort sind und ihnen daher eine Komponente der Zeitgebundenheit anhaftet, die kein Indiz gegen ihre Wahrheit bedeutet.

Ohne Zweifel fordert Adorno grundsätzlich zu Recht, daß die Offenbarung „auf ihre Wahrheit auch im kosmologischen Sinn" bestehen müsse, und sicher war, wie Adorno versichert, die Theologie des Thomas von Aquin der heutigen darin überlegen, daß sie dem damaligen „fortgeschrittenstem wissenschaftlichen Stand" entsprach.[255] Und leider entzieht sich die heutige Theologie tatsächlich dem Gespräch mit der Wissenschaft oft allzu rasch mit dem Hinweis, daß die Bibel weder naturwissenschaftliche noch geschichtliche Erkenntnisse zu vermitteln trachte, da es ihr allein um Gott und das Heil des Menschen gehe. Es stellt sich jedoch die Frage, ob sich nicht auf seine Weise auch Adorno dem Gespräch entzieht, indem er die Komponente der Zeitgebundenheit der jüdisch-christlichen Offenbarungsschriften in einer unangemessenen Weise gegen die Wahrheit der Offenbarung ins Spiel bringt.

Um Mißverständnisse zu vermeiden, sei zunächst darauf hingewiesen, daß die Theologie, sofern sie sich nicht dem Verdacht eines unzulässigen Rückzugs aussetzen will, darauf bestehen muß, daß die Erzählungen des Alten Testaments über die Schöpfung der Welt und des Menschen, sowie über das Paradies und den Sündenfall nicht mit entsprechenden Urgeschichten anderer Völker auf der gleichen Stufe stehen, daß diese Geschichten vielmehr als Gotteswort ihre eigene Dignität besitzen, die sie qualitativ von entsprechenden Mythen unterscheidet.

Diese andere Qualität hat zunächst eine formale Grundlage: Diese Erzählungen sind Teil der Heiligen Schrift. Das heißt, sie gehören zu jenen Schriften, die die Glaubensgemeinschaft der Kirche als kanonisch anerkannt, bzw. durch ihren Glaubensvollzug in den Kanon des Alten und Neuen Testamentes aufgenommen hat. Für diese Entscheidung können zwar jeweils bestimmte Gründe angeführt werden, sie ist jedoch letzten Endes nicht mehr hinterfragbar und unrevidierbar.

Die durch die Aufnahme in den Kanon grundgelegte besondere Dignität des Buches Genesis begründet zugleich die Überzeugung, daß in den dort niedergelegten Erzählungen von den Anfängen eine tiefere Wahrheit über Gott, Welt und Mensch offenbar wird als in anderen unter formalen Kategorien vergleichbaren Schöpfungs- und Urgeschichtsberichten, aber auch eine tiefere Wahrheit als in allen wissenschaftlichen Hypothesen zur Kosmogonie und Urgeschichte. Es gehört zur Redlichkeit der Theologie, diesen Wahrheitsanspruch festzuhalten und zu verteidigen und sich dabei auf die Chance und das Risiko des Gespräches mit den Vertretern profaner Wissenschaftsdisziplinen einzulassen.

Die Verteidigung der biblischen Berichte und ihrer besonderen Dignität im Hinblick auf die Frage der Wahrheit bedeutet jedoch – wie bereits angedeutet wurde – keine Leugnung der menschlichen Komponente in den uns vorliegenden Texten der Offenbarung. Eine solche Leugnung ist um so unangemessener, da die Offenbarungstexte selbst diese Komponente unbefangen offenlegen. Das gilt sowohl für das Neue Testament mit seiner Vierzahl der Evangelien wie auch für das Alte Testament mit seinem in zwei Fassungen vorliegenden Schöpfungsbericht. Wer die menschliche Komponente in den Offenbarungsschriften bestreitet oder völlig herunterspielt, begibt sich nach die-

ser Lage der Dinge in einen unaufhebbaren Widerspruch zu diesen Schriften selbst.
Für die jeweilige Interpretation des Alten Testaments ergibt sich allerdings eine besondere Schwierigkeit daraus, daß seine Verfasser und „Zusammenfasser" im Gegensatz zu denen des Neuen Testaments zwischen Mythen, Geschichten und Geschichte nicht unterscheiden. Während im Neuen Testament Erzählungen und Gleichnisse als solche kenntlich gemacht und gegenüber den Berichten über geschichtliches Geschehen abgehoben sind, gehen im Alten Testament Mythen, Geschichten, Sagen und Berichte über das Schicksal Israels ineinander über. So wird zum Beispiel die Erzählung über die Erschaffung der Welt und des Menschen in der Art der Darstellung nicht abgehoben von geschichtlichen Berichten über das Schicksal Israels. Daher scheint das Alte Testament als Ganzes beim ersten Lesen einen durchlaufenden „geschichtlichen" Überblick zu geben von der Schöpfung und dem Tun und Leiden der frühen Menschen über die Zeit der Patriarchen und die große Zeit Israels unter David und Salomon bis hin zur Unterwerfung durch fremde Völker, zu den ständigen Kämpfen mit Nachbarvölkern und den inneren Auseinandersetzungen Israels.
Daher hat man Jahrhunderte lang das Alte Testament unbefangen und undifferenziert als „Biblische Geschichte" gelesen, ohne die in den jeweiligen Büchern höchst unterschiedliche Komponente der menschlichen Autoren gebührend zu berücksichtigen. In den darin gründenden Fehlinterpretationen liegt eine der Ursachen für die seit Beginn der Neuzeit einsetzenden und zumeist wenig glücklichen Auseinandersetzungen zwischen den Vertretern des überkommenen Offenbarungsglaubens und den Verfechtern kritischer Aufklärung und Wissenschaft.
Zur Beurteilung der daraus folgenden Situation ist es aufschlußreich, sich die dominierenden Tendenzen in der heutigen Exegese zu vergegenwärtigen. Hieraus wird auch das relative Recht und die unberechtigte Verabsolutierung der Kritik, die Horkheimer und Adorno an der gegenwärtigen Theologie üben, erkennbar. Adorno spricht von einem „Bruch zwischen dem sozialen Modell der großen Religio-

nen und der Gesellschaft heute".[256] Wie er zu recht anmerkt, waren die sozialen Verhältnisse, die in den Gleichnissen Jesu und in den biblischen Schriften insgesamt vorausgesetzt werden, „an durchsichtigen Verhältnissen der ‚primary community', allenfalls an der einfachen Warenwirtschaft gebildet".[257] Adorno versichert, daß sich davon nicht absehen lasse, und folgert hieraus, das Christentum sei „nicht nahe zu allen Zeiten", da „die Menschen ... nicht zeitlos von dem betroffen" würden „was sie einmal als gute Botschaft vernahmen".[258]

Dieser Gedankengang bedarf jedoch einer wesentlichen Differenzierung. Er trifft nicht die Heilige Schrift schlechthin, sondern nur die im Sinne der Geschichtlichkeit zeitgebundene Komponente der Offenbarungsschriften. Diese Komponente wiederum ist nicht nur dadurch geprägt, daß die Verfasser der biblischen Schriften ihre eigenen zeitgebundenen Erfahrungen und Vorstellungen einbringen, sondern darüber hinaus auch dadurch, daß sich Gott in seiner Offenbarung jeweils konkreten Menschen zuwendet und dabei auf deren Zeithorizont eingeht.

Diese grundlegende Feststellung gilt für das Alte wie für das Neue Testament in je besonderer Weise. Als Beispiel für das Alte Testament wurde bereits auf die Stellung der Frau und das Eherecht verwiesen. Im Neuen Testament zeigt sich diese Grundstruktur z. B. in den Gleichnissen Jesu mit ihren zentralen Gestalten des Königs, des Hirten und des Knechtes. Die Bedeutung dieser Gestalten für die Verkündigung des Gottesreiches durch Jesus bestätigt eindrucksvoll, daß die zeitgebundene Komponente in der Offenbarung ihre tiefste Wurzel in der grundlegenden Tatsache hat, daß sich eine Offenbarung Gottes notwendigerweise auf die konkreten Menschen einlassen muß und auch in diesem Sinne eine Selbstentäußerung des ewigen Gottes in die Zeitgebundenheit einschließt. Eine Offenbarung Gottes, die sich nicht in die Geschichte entäußert, würde keineswegs als eine übergeschichtliche und zeitlose Offenbarung die Menschen aller Zeiten erreichen, sondern wäre für die in ihren Erfahrungen und ihrem Denken jeweils zeitgebundenen Menschen schlechthin unverständlich und unvernehmbar.

Hieraus ergibt sich zugleich eine wichtige Folgerung für die legitime Verkündigung in den einzelnen Epochen der Kirchengeschichte bis zum heutigen Tage: Wenn Gott sich selbst auf die Zeitbedingtheit des Menschen einläßt und seine Offenbarung in einer Form kundtut, die an diesen Zeithorizont gebunden ist, dann hat eine Verkündigung, die im Auftrag dieses sich entäußernden Gottes steht, kein Recht, sich einer jeweils zeitverhafteten Argumentation zu entziehen in der verständlichen, aber letzthin überheblichen Absicht, sich dadurch der Notwendigkeit späterer weiterer Klärungen und auch Korrekturen zu entziehen.
Dies gilt auch für die heutige Zeit. Es mag zutreffen, daß heute eine Reflexionsstufe gewonnen worden ist, in der man sich der Zeitbedingtheit von Feststellungen und Argumenten weithin bewußt ist. Dieses Bewußtsein sollte durchaus ein Korrektiv gegen eine allzu große Sicherheit in der Argumentation sein. Es darf jedoch nicht zum Vorwand dafür werden, sich auf die Argumente der Zeit nicht einzulassen, da es der Offenbarung um eine höhere überzeitliche Wahrheit gehe. Wenn Jesus Christus, der von sich aussagt, daß er die Wahrheit sei, sich selbst auf den zeitgebundenen Erfahrungs- und Denkhorizont seiner Jünger, seiner Zuhörer und seiner Gegner einläßt, dann hat eine Theologie, die im Dienste dieses Herrn Jesus Christus stehen will, nicht das Recht, ein derartiges Eingehen auf die jeweils zeitgebundenen Auffassungen und Erfahrungen der Menschen für unter ihrer Würde zu halten.
Zur Vermeidung von Mißverständnissen muß allerdings betont werden, daß das Eingehen auf den Horizont und auf die Argumentationsebene der Zeit nicht durch einen Abstrich von dem erkauft werden darf, was die Kirche als göttliche Offenbarung zu hüten hat. Es kann also nicht darum gehen, die Offenbarung der Zeit anzupassen, sondern stets nur darum, sie so zu formulieren und darzulegen, daß sie in ihrer ungeschmälerten Wahrheit von dem in einem jeweils bestimmten Zeithorizont stehenden Menschen erfaßt werden kann.
Diese Feststellungen und Überlegungen zeigen zugleich den grundlegenden Unterschied zwischen dem „ganz Anderem", der von Horkheimer und Adorno ersehnt wird,

und dem Gott der Offenbarung: Horkheimer und Adorno folgen in ihren Überlegungen dem Denken und den Erfahrungen des Menschen. Dabei kommen sie zu der Einsicht, daß die dem Menschen erfahrbare Welt eine bedingte ist und in sich schlechthin nicht aufgeht, daß sie vielmehr, sofern man nur der Konsequenz unbeirrten Denkens folgt, auf einen Unbedingten, auf „den Anderen" verweist, von dem sich freilich auf diesem Wege nichts Positives aussagen läßt, so daß er von Adorno als der absolut Inkommensurable bezeichnet wird.

Dagegen ist der Gott der Offenbarung jener Andere, der den Menschen nach seinem Bilde geschaffen hat und der von sich aus den Abstand zum Menschen immer aufs neue überwindet. Er ist es, der sich entäußert bis hin zu seiner eigenen Menschwerdung in einer bestimmten Zeit und einem bestimmten Land. Und er ist es auch, der nach seiner Erlösungstat bei den Seinen bleibt und seiner Kirche den Heiligen Geist gesandt hat, so daß sie unter seinem Beistand die Offenbarung so weiter zu tragen und zu deuten vermag, daß er, der ganz Andere, bis ans Ende der Zeiten zugleich der Geoffenbarte und Ansprechbare bleibt.

Aber auch wenn man die Feststellungen und Vorwürfe Horkheimers und Adornos in der angedeuteten Weise differenziert und zum Teil korrigiert, so behalten sie doch sowohl gegenüber einer starr konservativen wie auch gegenüber einer unkritisch fortschrittlichen Theologie ihr relatives Recht. Dabei liegt auf der Hand, daß der starre christliche Konservatismus insofern mit der Position Horkheimers und Adornos übereinstimmt, als auch er die zeitgebundene Komponente der Offenbarungsschriften faktisch ignoriert. Bezeichnenderweise wurde sowohl die Auseinandersetzung mit den Vertretern des Kopernikanischen Weltbildes wie auch der Streit mit den Darwinisten von dieser Seite aus weithin mit Zitaten aus dem Alten Testament geführt, die der zeitgebundenen Komponente zugerechnet werden müssen. Damit bezog der starre Konservatismus nicht nur eine theologisch höchst problematische Position, sondern entzog sich insofern jedem Gespräch, als ja gerade die Autorität dieser Schriften insgesamt von seinen Gegnern bestritten wurde.

In anderer Weise, aber genau so problematisch ist es, wenn sich konservative Theologen dem Gespräch dadurch entziehen, daß sie Fragen für endgültig entschieden deklarieren, die tatsächlich noch offen sind. Ein eindrucksvolles Beispiel dafür bietet die Diskussion um die Enzyklika Humanae vitae innerhalb der katholischen Kirche. Die extrem konservativen Verteidiger der Enzyklika haben es weithin aufgegeben, den Inhalt der Enzyklika mit Argumenten zu sichern. Stattdessen suchen sie in einer höchst fragwürdigen Weise zu „beweisen", daß diese Enzyklika, bzw. ihr wesentlicher Inhalt als Formulierung des unfehlbaren Lehramtes der Kirche betrachtet werden müsse, so daß nach der Formel Roma locuta, causa finita eine endgültige Entscheidung getroffen und damit jede weitere Diskussion überflüssig und schädlich sei.
Der Vorwurf Adornos und Horkheimers, daß sich die Theologie dem Gespräch entzieht, gilt jedoch nicht minder für die Vertreter einer vermeintlich fortschrittlichen und modernen Richtung. Im Gegensatz zu den Konservativen scheinen sie sich für den ersten Augenblick den modernen Erkenntnissen und dem Gespräch mit den Profanwissenschaften weit zu öffnen. Bei Veranstaltungen, die sich interdisziplinären Fragen zuwenden, sind sie im allgemeinen vertreten und dokumentieren so ihre Offenheit. Tatsächlich jedoch beziehen sie allzu oft eine Position extremen Rückzugs, die sie für Argumente der Gesprächspartner unerreichbar werden läßt.
Zur Verdeutlichung sei auf das besonders eklatante Beispiel der sogenannten Entmythologisierungstheologie hingewiesen. Dabei geht es im Zusammenhang dieser Überlegungen nicht um eine kritische Würdigung der Intentionen und der Positionen dieser Theologie insgesamt, sondern nur um den Aufweis, daß diese Theologie sich dem Gespräch mit den Wissenschaften und der allgemeinen Vernunft faktisch entzieht.
Der Ausgangspunkt für diese Theologie ist eine Grundkonzeption, die zunächst von kirchenfremden Wissenschaftlern, wie David Friedrich Strauß entwickelt wurde. Er schreibt in seinem erstmals 1835 erschienenen Werk „Das Leben Jesu": „Dem Verfasser ... schien es Zeit zu

sein, an die Stelle der veralteten supranaturalen und natürlichen Betrachtungsweise der Geschichte Jesu eine neue zu setzen ... Der neue Standpunkt, der an die Stelle der bezeichneten treten soll, ist der mythische ... Wo nicht bloß die nähere Art und Weise eines Vorganges kritisch verdächtig, sein äußeres Beiwerk übertrieben oder dergleichen ist, sondern auch der innere Kern und Grundstock desselben entweder undenkbar oder einer messianischen Vorstellung der damaligen Juden auffallend ähnlich ist, da muß nicht nur der bestimmte nähere Hergang der Sache, sondern der ganze Vorfall als solcher für unhistorisch gehalten werden, wo hingegen nur Einzelnes an der Form einer erzählten Begebenheit Kriterien des Mythischen gegen sich hat, der allgemeine Inhalt derselben aber nicht, da bleibt wenigstens die Möglichkeit, noch einen geschichtlichen Kern vorauszusetzen ..."[259]

Während die Theologie des vorigen Jahrhunderts dieses Programm als einen Angriff auf den christlichen Glauben betrachtete, wurde es in unserem Jahrhundert von namhaften Theologen übernommen und weiterentwickelt. Die Grundsätze, die Rudolf Bultmann, der erste große Repräsentant der christlichen Entmythologisierungstheologie, bei seiner exegetischen Arbeit anwendet, unterscheiden sich in mancher Hinsicht kaum von den programmatischen Forderungen von David Friedrich Strauß. So argumentiert Bultmann bei seinen Überlegungen zu den Auferstehungsberichten mit Hinweis auf die „Unglaubwürdigkeit" gegen „ein solches mirakulöses Naturereignis wie die Lebendigmachung eines Toten"[260] und übernimmt damit die Auffassung, daß „Undenkbarkeit" ein Wahrheitskriterium für die Beurteilung biblischer Berichte sei.

Im Gegensatz zu David Friedrich Strauß trennte sich jedoch Rudolf Bultmann trotz der Verwerfung der biblischen Berichte von der Auferstehung Jesu nicht von seiner Kirche, sondern begründete eine neue „fortschrittliche" theologische Position, die in einer den biblischen Texten selbst völlig fremden Weise die Wahrheit des Glaubens gegen die historische Realität ausspielt und die historische Realität schließlich als überflüssig oder gar als hinderlich für den Glauben betrachtet. Mit bemerkenswerter Eindeutigkeit behauptet Bultmann: „Es wäre nämlich eine Verirrung, wollte man hier zurückfragen nach dem historischen Ursprung der Verkündigung, als ob dieser ihr Recht erweisen könnte. Das würde bedeuten: den Glauben an Gottes Wort durch historische Untersuchungen begründen zu wollen ... Der christliche Osterglaube ist an der historischen Frage nicht interessiert."[261]

Mit einer solchen Auffassung steht Bultmann keineswegs allein. Ein Theologe wie Gerhard Ebeling erklärt, daß „die Reinheit des Glaubens" durch jede historische „Sicherung" der Auferstehung nur beeinträchtigt werde, und versteigt sich zu der Behauptung, „daß die Erscheinungen (des Auferstandenen) für diejenigen, denen sie widerfuhren, insofern eine Glaubenserschwerung waren, als dadurch gerade verdunkelt werden konnte, was Glauben heißt".[262] In Konsequenz dieses theologischen Ansatzes stellt er schließlich fest, daß man, falls das Grab tatsächlich leer gewesen sei, glauben müsse „trotz des leeren Grabes ohne sich von dieser rätselhaften und vieldeutigen Tatsache anfechten zu lassen".[263]

Wie schon betont wurde, kann hier nicht der Ort sein, diese Positionen theologisch zu würdigen, bzw. sich mit ihnen theologisch auseinander zu setzen.[264] Es geht hier vielmehr nur um die Frage des Gesprächs mit der allgemeinen Vernunft. Dazu allerdings hat Hans Freiherr von Campenhausen mit vollem Recht den Verdacht geäußert: „Das Bündnis, das ein vermeintlich besonders radikaler Glaube auf diese Weise mit dem historischen Skeptizismus schließt, dient in Wirklichkeit nur dazu, ihn der eigentlichen Anfechtung durch die Geschichte und die geschichtliche Vernunft überhaupt zu entziehen."[265] Dieser Verdacht trifft sich genau mit den Vorwürfen, die Max Horkheimer und Theodor W. Adorno der modernen Theologie machen, daß sie sich nämlich dem Gespräch mit der kritischen Vernunft entzieht, indem sie eine zwar vermeintlich unanfechtbare, tatsächlich jedoch unbegründbare und willkürliche Position bezieht.

Was hier am Beispiel der Interpretation der Auferstehungsbotschaft durch die Entmythologisierungstheologie aufgezeigt wurde, gilt für nahezu alle grundlegenden Glau-

bensssätze der christlichen Kirchen. Ohne die alten Formeln preiszugeben, versucht die moderne Theologie, sie in einer Weise zu interpretieren, die sie nicht nur einer allzu vordergründigen „Überprüfbarkeit" durch die menschliche Erfahrung oder die Vernunft, sondern jeder ernsthaften Diskussion um die Wahrheitsfrage entzieht. Weder die Botschaft von der Auferstehung des Leibes, die sich mit der Sehnsucht Adornos trifft, noch die Erwartung der Wiederkunft Jesu Christi und des Jüngsten Gerichts, noch andere zentrale Wahrheiten des Glaubensbekenntnisses werden klar und entschieden verkündet.
Statt der Verkündigung von Glaubenswahrheiten, die dem modernen Menschen Torheit oder Ärgernis sind, konzentrieren sich die Bemühungen der Kirchen weithin auf ein seelsorgliches Krisenmanagement und auf einen Beitrag zur Besserung sozialer Verhältnisse. Glauben und Gebet werden dabei zur Mobilisierung der emotionalen Kräfte der Gesellschaft und zur psychotherapeutischen Behandlung des Einzelnen instrumentell eingesetzt. Die Frage nach der Wahrheit des Glaubens kann dabei getrost offen bleiben. Schon Nathan der Weise hatte sie ja zur Frage nach ethisch-moralischer Bewährung umprogrammiert.

4. Die Möglichkeit einer glaubwürdigen Theologie in der wissenschaftlich-technischen Welt

Nach den bisherigen Darlegungen kann das Verhältnis der Frankfurter Schule zur Theologie als paradox bezeichnet werden. Herbert Marcuse und Jürgen Habermas, die nach einem rein weltimmanenten Ausweg aus dem gegenwärtigen Dilemma suchen, bleiben letzten Endes auf das fixiert, was sie zu überwinden trachten: Herbert Marcuse kommt über die Große Weigerung nicht hinaus und Jürgen Habermas hat die Illusion, durch zusätzliche jedoch utopische Entscheidungsmechanismen die Sinnkreise zu überwinden. Letztlich signalisieren beide, daß eine rein weltimmanente Lösung kaum vorstellbar ist.
Diese Auffassung wird bei Max Horkheimer und Theodor

W. Adorno zum positiven Impuls. In je eigener, in vieler Hinsicht jedoch auch vergleichbarer Art wenden sie sich dem „ganz Anderen“ zu und legen unter verschiedenen Gesichtspunkten dar, daß Sehnsucht und Hoffnung sich letzten Endes auf Ihn richten müßten, bzw. daß ohne Theologie Orientierungslosigkeit, Hoffnungslosigkeit und Sinnlosigkeit alles Geschehen beherrschen. Die Bezugnahme auf Theologie ist allerdings bei beiden Denkern verbunden mit einer Absage an Hegel und andere Philosophen, die „den Absoluten“ durch äußerste Anstrengung menschlichen Denkens positiv zu „definieren“ und zu erfassen suchen, aber auch mit einer bewußten „Abstinenz“ gegenüber der jüdisch-christlichen Tradition, nach deren Überzeugung die Kluft zwischen Gott und Mensch dank der Aktivität Gottes, das heißt durch Offenbarung überbrückt wird.
Die von Horkheimer und Adorno geübte „äußerste Askese jeglichem Offenbarungsglauben gegenüber“ bzw. ihre „äußerste Treue zum Bilderverbot, weit über das hinaus, was es einmal an Ort und Stelle meinte“,[266] sollte jedoch die christliche Theologie nicht hindern, ihrerseits alle Hinweise positiv aufzunehmen, die dank der gekennzeichneten Konvergenz zwischen kritischer Theorie und christlicher Theologie zur Überwindung der gegenwärtigen Krise hilfreich sein können. Aber auch die kritischen Bemerkungen Horkheimers und Adornos zur gegenwärtigen Theologie und ihre skeptischen Zweifel an der Wahrheit der Offenbarung könnten und sollten zu positiven Impulsen werden. In diesem Sinne seien in Aufnahme und Weiterführung der Gedanken Horkheimers und Adornos zum Schluß dieser Überlegungen einige Konsequenzen gezogen und als Postulate an die Theologie weitergegeben.
Wie schon herausgearbeitet wurde, liegt der wichtigste Impuls für die Überlegungen Theodor W. Adornos in der furchtbaren Erfahrung, daß von der Verwaltung des Dritten Reiches Menschen nur als Exemplare betrachtet und entsprechend behandelt wurden bis hin zu ihrer perfekt geplanten und abgewickelten Vernichtung. Gegenüber der Herabwürdigung zum Exemplar will Adorno dem Konkreten und Besonderen sein eigenes Recht sichern.

Für den ersten Augenblick kann es scheinen, als ob diese Forderung rein gesellschaftspolitischer Art sei. Tatsächlich jedoch wird die Theologie hiervon unmittelbar mitbetroffen, da die geforderte Prioritätsentscheidung für den Menschen als Person zutiefst in Theologie gründet: in der biblischen Überzeugung, daß der Mensch nach dem Bilde Gottes geschaffen ist und daß dieser Gott ein personaler dreifaltiger Gott ist. In dieser theologischen Überzeugung liegt die Voraussetzung für eine angemessene Begründung der Unverrechenbarkeit und Unaustauschbarkeit der menschlichen Person, die im Gegensatz zur Dialektik zu einer „Versöhnung" drängt, in der jeder einzelne in seiner Besonderheit als zugehörig zum eigenen Glück erkannt und anerkannt wird.
Der Zusammenhang zwischen seinem Grundanliegen und der christlichen Trinitätslehre ist offensichtlich weder Adorno selbst noch der Theologie bewußt. Der Grund dafür liegt einerseits in Adornos Verzicht, sich den „Anderen" irgendwie vorzustellen, andererseits jedoch auch in der überlieferten Konzeption der Theologie. Denn die Trinitätslehre wurde zwar seit den großen Konzilien der christlichen Antike kaum bestritten und bei der Glaubensüberlieferung in Liturgie und Predigt, in Theologie und Kunst im Binnenraum der Kirche bis in unser Jahrhundert hinein ungeschmälert weitergegeben. Aber die philosophische Vermittlung zwischen der Offenbarung und dem außerkirchlichen Gesamtverständnis von Mensch und Welt erfolgte weithin in einem Begriffs- und Denksystem, das von der antiken Philosophie vorgeprägt und für die Einbeziehung, bzw. eine angemessene Darstellung der Eigenart und Aktivität eines personalen dreieinigen und dreifaltigen Gottes wenig geeignet war.
Dieser Mangel kam jedoch der über Jahrhunderte dominierenden scholastischen Philosophie kaum zum Bewußtsein, da die philosophische Vermittlung zwischen der Offenbarung und dem allgemeinen Menschen- und Weltverständnis weithin an die Berichte des Alten Testamentes anknüpfte, in denen Gott – hierin dem Gott der Philosophie vergleichbar – primär als der Eine erscheint. Der Gott, der am Anfang Himmel und Erde erschuf, wurde bei

der philosophischen Vermittlung in einer durchaus nicht unproblematischen Weise mit jenem ersten unbewegten Beweger des Aristoteles identifiziert. Bezeichnenderweise übernahm Thomas von Aquin weithin Argumente des Aristoteles, als er in seinen Gottesbeweisen darlegte, „daß erstens aller Bewegung ein letztlich unbewegter Beweger, zweitens allem Verursachten eine in sich ruhende Erstursache, drittens allem Kontingenten ein absolut Notwendiges, viertens allem mehr oder weniger Vollkommenem ein ganz Vollkommenes, fünftens aller Sinnhaftigkeit und Zielstrebigkeit ein denkender Geist zugrunde liege“.[267] Bei dieser philosophischen Argumentation kommt die Dreifaltigkeit Gottes nicht vor.

In jüngster Zeit hat sich darüber hinaus auch die innerkirchliche Bewußtseinslage eher von der Trinitätslehre entfernt. Viele Theologen neigen dazu, sie auch bei der innerkirchlichen Verkündigung stillschweigend zu übergehen oder ausdrücklich herunterzuspielen. Die Präexistenz des Sohnes wird kaum noch erwähnt. Zuweilen wird unter bewußtem oder unbewußtem Rückgriff auf Positionen, die vom Konzil von Nizäa verurteilt wurden und faktisch eine Ablehnung des Großen Glaubensbekenntnisses bedeuten, der Eindruck erweckt, als ob der allein als „echter und ewiger“ Gott anerkannte „Vater“ den „Menschen Jesus“ erst im Nachhinein als seinen Sohn anerkannt und bestätigt habe. Vom Heiligen Geist wird oft in einer Weise gesprochen, als ob er keine eigene als Du ansprechbare göttliche Person, sondern eher ein sozialpsychologischer Faktor des Gemeindelebens sei. Dadurch wird Gott insgesamt immer mehr zu einer bloßen Chiffre für solidarisches Verhalten. Die unmittelbaren personalen Beziehungen zu ihm werden fragwürdig und siechen dahin.

Ebenso folgenschwer wie die Vernachlässigung der Trinitätslehre war für die Bewußtseinsbildung der geistigen Elite Europas die Kombination zwischen der jüdisch-christlichen Schöpfungslehre und der Ideenlehre Platos. Die berühmte scholastische Formel, wonach die Ideen ante rem im Geiste Gottes, in re in den geschaffenen Dingen und post rem in den sprachlichen Begriffen seien, muß zwar einerseits als eine großartige Synthese zur Beantwor-

tung einer im sogenannten Universalienstreit heiß umstrittenen Frage betrachtet werden, bedeutet jedoch zugleich eine Interpretation der Schöpfungslehre, die nicht nur von der Trinität Gottes absieht, sondern auch auf die vorliegenden Texte des Alten Testamentes wenig eingeht.
Ungewollt wurde in dieser scholastischen Ideenlehre der aristotelische Gedanke von der Ewigkeit der Welt, gegen den Thomas von Aquin ja angetreten war, in die christliche Theologie hinübergerettet, indem zwar nicht der konkreten Welt, jedoch ihrer Idee Ewigkeit zugesprochen wird. Der Schöpfungsakt wird dadurch auf die materielle Konkretisierung der als Idee bereits vorhandenen Welt reduziert. Diese Auffassung rechtfertigte sich aus dem Gedanken, daß es für Gott letzthin nichts Neues geben könne, daß vielmehr in Ihm alles von vornherein in absoluter Vollkommenheit beschlossen sei. Dieser Gedanke ist in sich durchaus schlüssig und einsichtig.
Aus einer Verabsolutierung dieser Argumentation entstand jedoch geistesgeschichtlich mit einer gewissen Systemkonsequenz die Tendenz zu einer deistischen Vorstellung von Gott und Welt. Denn sofern man die Formel, daß die Ideen ante rem in Gott seien, auf die Schöpfung insgesamt anwendet, muß man der als Idee von Ewigkeit her in Gott bestehenden Welt absolute Vollkommenheit zusprechen und auch die im Schöpfungsakt vollzogene Realisierung dieser Idee kann, da sie unmittelbar durch Gott selbst erfolgt, mit keiner Unvollkommenheit behaftet sein. Dann jedoch liegt es zumindest in einer von naturwissenschaftlichen Erkenntnissen faszinierten Zeit nahe, diese Vollkommenheit nicht zuletzt auch darin zu suchen, daß die Welt, nachdem sie einmal von der Idee in die Realität umgesetzt ist, nach den in ihr wirkenden Gesetzen mit höchster Vollkommenheit besteht und weiterläuft, ohne daß Gott es nötig hätte, sich „regulierend und eingreifend" um sie zu kümmern. Vielmehr dokumentiert sich nach dieser Auffassung die Vollkommenheit Gottes als Schöpfer gerade darin, daß seine Schöpfung im Gegensatz zu menschlichen Konstruktionen und Maschinen keiner Korrektur und Wartung bedarf, sondern nach ewigen von Anfang an in sie gelegten Gesetzen vollkommen und verläßlich funktioniert.

Bei einer solchen Auffassung von Schöpfer und Schöpfung werden die Geheimnisse der Schöpfung, bzw. die „Gedanken Gottes" identisch mit den wissenschaftlich erfaßbaren Grundstrukturen und -bezogenheiten der Welt, mit deren mathematischen Formeln die „Natur" berechnet, erfaßt und beherrscht werden kann. Der Mensch aber wird, wie Thomas Hobbes programmatisch formuliert, darin Ebenbild Gottes, daß er wie dieser Maschinen, darunter nicht zuletzt die „Staatsmaschine", baut. Die Perfektion der wissenschaftlich-technischen Industriewelt und die Perfektionierung des Staates erscheint dann nicht nur als Höhepunkt menschlicher Weltgestaltung und Weltbeherrschung, sondern bedeutet zugleich Vollendung des Menschen als Gottes Ebenbild.
Dies gilt in besonderem Maße dann, wenn sich diese Weltgestaltung mit einem humanitären Pathos verbindet. Bezeichnenderweise wendet sich sogar ein in vieler Hinsicht so technokratiekritischer Denker wie Erich Fromm mit den Worten der Schlange „Ihr werdet sein wie Gott" an die Menschen unserer Tage. In seiner Interpretation entspricht es durchaus den Intentionen des Alten Testaments, „daß der Mensch sich unabhängig gemacht hat und Gott nicht länger braucht".[268] Fromm selbst empfindet sich als Vertreter eines „radikalen Humanismus", wobei er allerdings den Bogen der Vertreter dieses Humanismus von Albert Schweitzer bis zu Karl Marx spannt, so daß sich die Frage aufdrängt, ob die breite Zustimmung, die er findet, mehr auf der Überzeugungskraft oder mehr auf der schillernden und allseits gefälligen Unklarheit seiner Überlegungen beruht.
Gott selbst wird in diesem Weltverständnis überflüssig. Dies gilt ebenso für Erich Fromm, der seinen „radikalen Humanismus" ausdrücklich unabhängig von Gott proklamiert, wie auch für die klassischen Deisten, für die Gott zwar irgendwann einmal am Anfang als „Schöpfer" tätig gewesen war, die Welt jedoch dann ihrem eigenen Gang überlassen hat. Die Welt mit all ihren „Geheimnissen" kann auch bei dieser deistischen Auffassung ohne einen „Rückgriff" auf Gott in sich angemessen erforscht, berechnet und „verstanden" werden.

Der deistischen Gottesvorstellung entspricht somit der methodische Atheismus als wissenschaftstheoretische Position. Tatsächlich sind die klassischen Naturwissenschaften mit ihrem deterministischen Weltbild weithin von dieser Position her entwickelt worden. Sie tendierten dementsprechend zu einer „rein wissenschaftlichen" Welterklärung, in der Gott nicht vorkam. Repräsentativ für dieses Bemühen im Augenblick seiner größten Erfolge ist jene Szene, in der Laplace auf die Frage Napoleons, warum Gott in seiner Mechanik des Himmels nicht vorkomme, die lapidare Antwort gab: „Majestät, die Wissenschaft bedarf dieser Hypothese nicht."
Angesichts der eigenen theologischen Konzeption waren die Argumente, mit denen sich christliche, insbesondere katholische Theologen gegen den Deismus wehrten, problematisch. Das wird besonders deutlich beim Streit um die Wunder, der weithin unter dem Gesichtspunkt geführt wurde, ob die Vorstellung einer „Durchbrechung von Naturgesetzen" angemessen sei. Traditionstreue Theologen betonten, daß Gott als Schöpfer über dem von ihm Geschaffenen stehe und daher jederzeit in den „normalen Lauf der Dinge" einzugreifen, bzw. seine eigenen Gesetze jederzeit außer Kraft zu setzen vermöge. Diese Argumentation war in sich logisch stringent, rückte jedoch Gottes Allmacht nach dem Empfinden auch mancher Christen in die Nähe der Formel absolutistischer Willkür: princeps legibus solutus est. Daher wurde bei diesen von vornherein falsch programmierten Auseinandersetzungen nicht nur von Ungläubigen die Möglichkeit einer Durchbrechung von Naturgesetzen bestritten, sondern auch von manchen Gläubigen die Auffassung vertreten, daß Gott zwar die Naturgesetze grundsätzlich durchbrechen könne, daß er jedoch tatsächlich die von ihm der Schöpfung eingestifteten Gesetze auch selbst achte.[269]
Seit der Relativierung des Weltbildes der klassischen Naturwissenschaften zu Beginn unseres Jahrhunderts versuchte man, auch neue naturwissenschaftliche Erkenntnisse für die Möglichkeit eines freien Wirkens Gottes und zugunsten der Glaubwürdigkeit von Wundern ins Feld zu führen, und wies in der Auseinandersetzung mit determini-

stischen Auffassungen zum Beispiel auf die Unschärferelation Heisenbergs hin. Die Gegenseite ließ sich freilich auch davon nicht überzeugen, sondern diffamierte diesen Ansatzpunkt – die Unschärferelation als Spielraum für die Allmacht Gottes! – als neue Rückzugsposition der Theologie. Theodor W. Adorno schreibt apodiktisch: „Versuche, kritische Ergebnisse der modernen Wissenschaft in Religion überzuführen, wie sie besonders am Rande der Quantenphysik gedeihen, sind kurzschlüssig.“[270]

Selbstverständlich lassen sich gegen diese pauschale Auffassung Adornos durchaus gute Argumente vorbringen. Sie führen jedoch insgesamt über eine neue Pattsituation nicht hinaus. Daher sollte die Theologie sich nicht mit Argumenten dieser Art begnügen, sondern entschlossen einen neuen Weg beschreiten, indem sie die Lehre von der Dreifaltigkeit Gottes ernsthaft und konsequent ins Gespräch einbringt. Ein solcher Ratschlag wäre der klassischen Theologie wahrscheinlich absurd erschienen, weil sie stets betonte, daß die Dreifaltigkeit ein göttliches Geheimnis sei, das der Mensch nur durch Offenbarung wissen könne, das demzufolge nicht geeignet sei, in ein allgemeines, d.h. in ein nicht auf Gläubige beschränktes Gespräch um ein angemessenes Welt- und Daseinsverständnis eingebracht zu werden.

Diese Auffassung der überkommenen Theologie hat sicher manches für sich, läßt jedoch den Unterschied zwischen primärem eigenen und nachvollziehendem Erkennen unberücksichtigt. Tatsächlich jedoch ist diese Differenzierung nötig. Es ist, um ein Beispiel zu nennen, bedeutend einfacher, ein fremdsprachiges Schriftstück, das einem vorübersetzt wird, nachvollziehend zu verstehen, als das gleiche Schriftstück selbständig richtig zu erfassen. Analog dazu ist es zwar durchaus richtig, daß die Dreifaltigkeit ein göttliches Geheimnis ist, das die Menschen von sich aus kaum entziffert hätten. Daraus ergibt sich jedoch nicht, daß es auch nach der Offenbarung dieses Geheimnisses nur für einen Gläubigen möglich ist, die innere Plausibilität eines trinitarischen Verständnisses von Gott, Mensch und Welt nachzuvollziehen, wobei freilich die innere Plausibilität das Geheimnis nicht auflöst, sondern vermehrt

bzw. vertieft. In dieser Hoffnung lassen sich einige wichtige Überlegungen in das vermittelnde Gespräch zwischen Offenbarung und allgemeinem Welt- und Daseinsverständnis einbringen.
Vorab muß bemerkt werden, daß es im Mittelalter zwei deutlich unterschiedliche Akzentuierungen in der Lehre von der Person gab. Die herrschende scholastische Auffassung knüpfte an die Definition des Boethius, eines der großen Vermittler antiken Denkens, an, der die Person als naturae rationalis individua substantia, also als „unteilbares Selbstsein der Geist-Natur" bezeichnet hatte. Die Person wird nach dieser Lehre primär als eigenständiges Individuum gesehen. Die interpersonalen Beziehungen erscheinen demgegenüber als etwas mehr Äußeres und Sekundäres. Demgegenüber betonte eine andere – von der Trinitätslehre ausgehende – Auffassung, die von Denkern wie Richard von St. Victor und Duns Scotus vertreten wurde, daß es wesentlich zur Person selbst gehöre, auf andere Personen bezogen zu sein. Wie Thomas F. Torrance formuliert, haben „die Beziehungen zwischen den Personen ... in dieser Auffassung eine ontologische Bedeutung und sind eine wesentliche Komponente dessen, was die Person als Person ausmacht."[271]
Für diese letztere Auffassung spricht schon der in allen Sprachen gemeinsame Befund, daß die zentralen personalen Begriffe die Bezogenheit der Person auf andere Personen einschließen. Dies gilt ebenso für konkrete Bezeichnungen wie Vater, Mutter, Kind, Schwester, Bruder, Freund, Braut und dergleichen, wie auch für abstrakte Begriffe wie Liebe, Treue, Verläßlichkeit, Dankbarkeit, Achtung, Ehrfurcht usw.
Inzwischen ist die Auffassung von der wesenhaften Bezogenheit der Person auf andere Personen für die menschliche Person durch die Ergebnisse der modernen Humanwissenschaften bestätigt worden. Kinder, die nur mit dem biologisch Notwendigen versorgt werden, jedoch keine personale Zuwendung erfahren, verkümmern und sterben im Extremfall dahin. Beim erwachsenen Menschen sprechen wir vom „sozialen Tod", wenn die Aktualisierung der interpersonalen Beziehungen unter ein Minimum herab-

sinkt. Der Begriff des sozialen Todes signalisiert zugleich, daß die Beziehungen zu anderen Personen sich nicht in statischen Bezogenheiten – etwa darin, daß jeder faktisch Verwandte hat – erschöpfen, sondern ständig neuer Aktualisierungen bedürfen.[272]
Sofern man den analogen Gebrauch des gleichen Begriffs für die göttlichen Personen und für menschliche Personen nicht völlig herunterspielt und für belanglos erklärt, wird aus diesen Beobachtungen und Erfahrungen im menschlichen Bereich die Folgerung nahegelegt, daß ein monistischer personaler Gott ein Widerspruch in sich selbst wäre. Diese Folgerung gewinnt um so mehr Gewicht, da der Gott, von dem die Heiligen Schriften zeugen, im Gegensatz zum unbewegten Beweger des Aristoteles ein im höchsten Maße lebendiger Gott ist. Das bedeutet im Hinblick auf die Dreifaltigkeit, daß in ihr ein Höchstmaß immer neuer Aktualisierungen der interpersonalen Bezogenheiten angenommen werden muß. Daß es sich hierbei – unbeschadet der wesenhaften Einzigkeit und Einheit Gottes – um echte interpersonale Beziehungen handelt, wird in den Heiligen Schriften nicht zuletzt darin bezeugt, daß der Vater zum Sohne und der Sohn zum Vater „Du“ sagt und daß der Sohn vom Heiligen Geist als „Er“ spricht.[273]
Die Dreipersonalität des lebendigen Gottes prägt auch die Welt. Die Welt ist keine Konstruktion eines Superingenieurs, sondern sie ist als Schöpfung aus der überströmenden Liebe des personalen dreifaltigen Gottes hervorgegangen und sie existiert ständig in einer Bezogenheit auf diesen personalen Gott. Eine solche wesenhafte Bezogenheit schließt eine strenge Gesetzmäßigkeit und Berechenbarkeit grundsätzlich aus. Denn Liebe ist zwar verläßlich, aber nicht berechenbar. Die „Unveränderlichkeit“ eines personalen dreifaltigen Gottes dokumentiert sich nicht in einem System starrer und unerbittlicher „Naturgesetze“, sondern in seiner Treue. Er verhält sich nicht willkürlich, aber auch nicht gesetzmäßig. Er ist offen für Überraschungen und wendet sich in immer neuen Impulsen jeweils dem konkreten Einzelnen zu.
Diese Wesensstruktur bzw. Wesensbezogenheit der Schöpfung zeigt sich analog in allen Bereichen der Wirklichkeit.

Am augenfälligsten ist sie beim Menschen, der nach Gottes Bild und zu einer selbstbewußten personalen Bezogenheit auf Gott hin geschaffen ist. Bei aller Schwierigkeit und allem legitimen Spielraum der Auslegung in den Einzelheiten läßt das Alte Testament keinen Zweifel darüber, daß sich Gott mit dieser seiner Schöpfung – menschlich gesprochen – auf ein Risiko einläßt. Denn personale Beziehungen setzen Freiheit voraus und können daher scheitern. Bezeichnenderweise sichert Gott in der bildhaften Geschichte vom Paradies den Baum der Erkenntnis weder durch eine hohe Mauer noch durch Cherubinen mit Flammenschwertern gegen Adam und Eva vorsorglich ab, sondern gibt die weitere Geschichte seiner Schöpfung zwar nicht völlig, aber weithin dem Risiko der freien Entscheidungen der „neuen" menschlichen Akteure anheim.
Es bedarf kaum eines besonderen Hinweises, daß mit dem Risiko auch für den Menschen die Möglichkeit des Scheiterns und des Leidens verbunden ist. Dennoch wäre es verfehlt, bei einer von der personalen und dialogischen Struktur der Schöpfung ausgehenden Argumentation, das Leiden nur unter diesem Gesichtspunkt, also ausschließlich als notwendige Komponente des Risikos der Freiheit, zu betrachten. Es muß vielmehr darüber hinaus bedacht werden, daß nach all unseren Erfahrungen das Leid zugleich der Ernstfall der Liebe ist. Dieser Zusammenhang wird von Horkheimer offensichtlich kaum beachtet.[274] So sehr es ernsthafte Liebe ohne Leid geben mag, so wenig kann sich ihre Ernsthaftigkeit ohne jedes Risiko von Leid und Not dokumentieren. In diesem Sinne hat die Liebe vor dem Hintergrund von Leid und Not eine tiefere Würde als Liebe in einer völlig leid- und notfreien Welt. Sogar Gott selbst läßt sich in seiner Menschwerdung auf Leid und Tod ein und dokumentiert seine Liebe am Kreuze.
Wie auch die Liturgie der Karwoche bezeugt, hat die Glückseligkeit, die uns nach dem Kreuz Jesu Christi und eigenem Leid zuteil wird, offensichtlich eine andere Qualität als das von keinem Leid berührte Glück des Paradieses. Daher wird das Leid durch die Auferstehung und die Vollendung der Schöpfung zwar überwunden, jedoch nicht annulliert: Die Wundmale am verklärten Leib Jesu Christi

bezeugen, bleibend die Liebe dessen, der sein Leben hingegeben hat. Und nicht zufällig tragen viele Heilige in den Darstellungen der Kunst die Instrumente bei sich, unter denen sie gelitten haben, bzw. mit denen sie gequält worden sind.

Selbstverständlich dürfen diese Hinweise nicht dazu verleiten, das Bemühen der Menschen um Beseitigung und Milderung von Not und Leid zu diffamieren oder gar zu lähmen. Sie sollen jedoch ein Hinweis darauf sein, daß Leid und Not, wo sie dem Menschen auferlegt sind, unter Umständen auch durchgetragen werden müssen und daß sie als Ernstfall der Liebe ihre eigene Würde und ihre unaufhebbare bleibende Bedeutung haben.

Die personale Bejahung des Menschen durch Gott bedeutet zugleich eine Absage an das „Ideal" einer schematischen Gleichheit der Menschen. Gleiches ist verrechenbar und ersetzbar. Der Wert des Menschen jedoch beruht darauf, daß keiner ist wie der andere, so daß er als Person von keinem anderen ersetzt, mit keinem anderen verrechnet und dank dieser Unaustauschbarkeit bleibend geliebt werden kann. Wie Duns Scotus mit Recht betont, sind die individuellen Besonderheiten des konkreten Menschen keine als Mängel einzuschätzenden Abweichungen von der allgemeinen Idee des Menschen, sondern sie kommen als etwas je einmaliges Positives zum allgemeinen Menschsein hinzu. Sie müssen dementsprechend als Reichtum betrachtet werden.[275] Eine konsequente Bejahung des Menschen als Person mündet daher, wie auch Adorno zu recht feststellt, letztlich ein in den Willen, daß er bleibe, bzw. angesichts des Todes in die Hoffnung auf seine Auferstehung.

Der Mensch mit seiner Freiheit und Einmaligkeit ist jedoch kein Fremdkörper in einer ansonsten streng determinierten und genormten Welt. Vielmehr ist auch die vormenschliche Schöpfung bereits auf ein dialogisches Verhältnis zu Gott hin geschaffen. Gott ist nicht der oberste Werkmeister oder Weltkonstrukteur, der eine nach ehernen Gesetzen perfekt funktionierende Weltmaschine baut, sondern der Gott, der ins Dasein ruft und mannigfaltige Antwort auf diesen Ruf erhält.

In diesem Zusammenhang sollte beachtet werden, daß gemäß dem ersten Schöpfungsbericht des Alten Testaments Gott nach der Urschöpfung Himmels und der Erde die weiteren Gestaltungen nicht unmittelbar festlegt und vornimmt, sondern auffordernde Impulse gibt, die jeweils positiv aufgenommen und beantwortet werden. Das gilt schon für die unbelebte Natur, angefangen von dem Befehl: „Es werde Licht!“ bis zu der Aufforderung: „Es sammle sich das Wasser, das unter dem Himmel ist, zu einer Ansammlung, und es erscheine das trockene Land!“ Diese Befehle, bzw. Aufforderungen Gottes erhalten eine ihnen folgende Antwort. Der Schöpfungsbericht stellt eigens fest: „Und es geschah so.“
Insbesondere jedoch schafft Gott nach diesem Bericht nicht bestimmte Pflanzen und Tiere, sondern gibt jeweils allgemeine Impulse wie etwa: „Es lasse grünen die Erde Grünes, Kraut, das Samen bringt, und Fruchtbäume, die Früchte auf Erden tragen, in denen ihr Same ist!“ oder: „Es sollen die Wasser wimmeln vom Gewimmel lebendiger Wesen und Vögel sollen über die Erde am Firmament des Himmels hinfliegen!“ Oder auch: „Es bringe die Erde hervor lebendige Wesen nach ihren Arten: Vieh, Gewürm und Wild des Feldes nach ihren Arten!“ Auch hierbei wird die Antwort, die der Anruf Gottes erfährt, von dem Anruf selbst abgehoben, indem es jeweils heißt: „Und es geschah so.“ Angesichts dieser Struktur kann durchaus von einem im übertragenen Sinne dialogischen Geschehen gesprochen werden: Gott spricht – die Schöpfung antwortet.
Dementsprechend sollte auch die Feststellung des Schöpfungsberichtes: „Und Gott sah, daß es gut war.“ nicht allzu simpel als eine Selbstzufriedenheit eines als Werkmeister (miß)verstandenen Gottes mit seinem eigenen Werke interpretiert werden. Eine solche Interpretation impliziert ja die Vorstellung, daß ein Mißlingen von Gottes eigenem Tun denkbar wäre. Tatsächlich jedoch kündet der Satz „Und Gott sah, daß es gut war“ angesichts der dialogischen Struktur der Schöpfung die Freude Gottes darüber, daß sein jeweiliges Wort eine reiche und vielfältige Antwort von der in eine relative Freiheit gesetzten Schöpfung erhielt.[276]

Bedenkt man, daß die Schöpfung in all ihren Bereichen durch einen mehr oder weniger großen Spielraum relativer Freiheit gekennzeichnet ist, und bedenkt man zudem, daß es in ihr – sofern man die Dinge genau nimmt – nichts absolut Gleiches gibt, so erweist sich diese Grundstruktur der Schöpfung selbst als der tiefste Grund der Fragwürdigkeit und Ambivalenz einer einseitig wissenschaftlich-technischen Welterfassung und Weltgestaltung. Denn eine solche Weltgestaltung ist, wie bereits aufgewiesen wurde, gerade darauf ausgerichtet, Freiheit und Einzigartigkeit der Erscheinungen der Wirklichkeit zu ignorieren, bzw. zu beseitigen.
Eine personal-trinitarische Akzentuierung der Schöpfungslehre hat zwangsläufig auch Auswirkungen auf wissenschaftstheoretische Grundlagenfragen: Wenn die Welt von einem personalen trinitarischen Gott geschaffen ist und zu diesem Gott in einem für sie konstitutiven Verhältnis dialogischer Abhängigkeit steht, dann ist der methodische Atheismus eine unzulängliche und unangemessene Ausgangsbasis für die Erforschung der Welt. Denn er sieht von einem für ihr Verständnis wesentlichem Faktum von vornherein ab. Diese unbestreitbare und folgenschwere Feststellung bedeutet selbstverständlich keine Aufforderung, zu der mit Recht überwundenen Tendenz zurückzukehren, für alles, was im Augenblick wissenschaftlich nicht erklärbar ist, das Wirken Gottes im Sinne eines deus ex machina oder auch eines „Lückenbüßers" verantwortlich zu machen. Das Verhältnis zwischen Schöpfer und Schöpfung ist offensichtlich differenzierter, als es die Vertreter einer derartigen deus-ex-machina-Theorie, aber auch differenzierter, als es die Deisten und Deterministen annahmen.
Zur Verdeutlichung sei auf die bemerkenswerte Tatsache hingewiesen, daß Kenntnis und Berücksichtigung geoffenbarter Wahrheiten offensichtlich eher zu einer größeren wissenschaftlichen Klarheit und zu einem angemesseneren Verständnis der Realität führen als die Position des methodischen Atheismus. Leider ist in Deutschland wenig bekannt, daß der Übergang von der deterministisch-mechanistischen Konzeption der klassischen Naturwissen-

schaften zur flexiblen Feldtheorie der modernen Physik nicht zuletzt aus der Kraft einer religiösen Überzeugung erfolgte.[277] Es ist die grundlegende Überzeugung, daß es in allen Bereichen der Wirklichkeit eine Analogie zwischen dem Schöpfer und seiner Schöpfung geben müsse.

Den Ausgangspunkt der Analogie bildete bemerkenswerter Weise die Trinitätslehre: Wie die drei göttlichen Personen nicht als getrennte Individuen betrachtet werden dürfen, die durch äußere Beziehungen in einem starren System gegenseitiger Einwirkungen aufeinander stehen, so dürfen dieser Analogie entsprechend auch die geschaffenen Dinge nicht isoliert gesehen werden.

Dieser Grundgedanke erfüllte den in der theologischen Tradition des Richard von St. Victor und Duns Scotus stehenden James Clerk Maxwell. Angesichts der Einheit der Schöpfung konnte er sich nicht vorstellen, daß es im Gegensatz zum personalen Bereich im Bereich der Materie angemessen sei, die einzelnen Teilchen so zu betrachten, als wenn sie isoliert ihren Eigenstand hätten und sich dann erst nachträglich in mechanische Beziehungen zueinander setzten. Er war vielmehr der Überzeugung, daß in Analogie zu personalen Bezogenheiten auch die Beziehungen zwischen den Teilchen der Materie Wesensmerkmale der Teilchen selbst seien. Diese letzten Endes religiöse Überzeugung war für ihn der wichtigste Impuls, seine Feldtheorie zu entwickeln, die nach dem Zeugnis Einsteins als der bahnbrechende Durchbruch auf dem Wege von der klassischen zur modernen Naturwissenschaft betrachtet werden muß.

Der Stand unserer gegenwärtigen naturwissenschaftlichen Erkenntnisse insgesamt zeigt, daß die Welt, wie wir sie vorfinden, in ihrer Struktur kein Werk eines monistischen Konstrukteurs, sondern eher eine Welt ist, die als Schöpfung eines dreifaltigen Gottes betrachtet werden kann. Insofern konvergieren – das muß im Widerspruch zu den apodiktischen Feststellungen Adornos betont werden – die Ergebnisse der heutigen naturwissenschaftlichen Forschung, sofern man sie in ihrer Gesamtheit angemessen ins Spiel bringt, durchaus mit Grundüberzeugungen des christlichen Glaubens. Diese Konvergenz tritt freilich erst dann überzeugend in Erscheinung, wenn die Theologie bei ihrer Vermittlung die Personalität und Dreifaltigkeit des Schöpfers in die Überlegungen einbringt.[278]

Tatsächlich haben die letzten Jahrzehnte gezeigt, daß nach der Erschütterung des Glaubens durch Aufklärung und wissenschaftlich-technisches Denken und nach dem vorübergehenden Triumph der Verfechter eines rein weltimmanenten Welt- und Lebensverständnisses nunmehr eine Krise des Atheismus eingesetzt hat. Seine Vertreter mußten die Erfahrung machen, daß sich trotz angestrengter Bemühungen die Kontingenz der Welt – der Ausgangspunkt klassischer Gottesbeweise – letzten Endes weder im Bereich der Kosmologie noch bei den Theorien zur „Evolution" überspielen läßt, so daß alle Versuche einer rein weltimmanenten Erklärung der vorgefundenen Wirklichkeit unzureichend und unbefriedigend geblieben sind.

Noch unübersehbarer jedoch dokumentiert sich die Krise des Atheismus bei der Frage nach dem Menschen. Gerade die konsequentesten atheistischen Denker sehen sich genötigt, das menschliche Dasein für absurd zu erklären und die Frage des Selbstmordes als die wichtigste philosophische Frage zu betrachten. Der Tod allein bleibt als Möglichkeit, die Absurdität eines Wesens zu beenden, das sich als Zufallsprodukt der Evolution betrachtet und doch nach dem Sinn seines Daseins fragt, da es „sinnlos" offensichtlich weder als Individuum angemessen zu leben, noch seine Sozialordnungen human zu gestalten vermag. Wie Marcuse und in völlig anderer Weise Habermas in ihrem Scheitern, Adorno und Horkheimer dagegen in ihrer Sehnsucht und ihrer Furcht bekunden, gibt es offensichtlich weder für den einzelnen Menschen ein sinnvolles Leben unter Preisgabe des Gedankens der Auferstehung des Leibes, noch für die Gesellschaft die Möglichkeit einer moralischen Politik unter völligem Absehen eines Bezugs auf den „ganz Anderen".

Zur Abrundung dieser Feststellungen und zur Vermeidung von Mißverständnissen sei noch bemerkt, daß die klassischen Naturwissenschaften vom heutigen Standpunkt aus nicht als schlechthin „falsch" betrachtet werden dürfen.

Vielmehr behalten ihre Erkenntnisse im Hinblick auf ihre Fragestellungen weiterhin ihre Richtigkeit. Daher arbeitet auch die heutige Physik in vielen Bereichen weiterhin mit mechanistischen Modellen und wendet die großen klassischen „Naturgesetze" an. Sie weiß jedoch, daß es sich bei ihnen genaugenommen um Wahrscheinlichkeitsgesetze handelt, deren Genauigkeit dadurch garantiert ist, daß die Wahrscheinlichkeit sich dem Werte „unendlich" nähert, da die unberücksichtigten Komponenten faktisch so einflußlos sind, daß sie nicht ins Gewicht fallen. In diesem Sinne kann die klassische Naturwissenschaft vom heutigen Standpunkt aus als ein Grenz- und Sonderfall der heutigen naturwissenschaftlichen Gesamtsicht betrachtet werden.

Angesichts dieses Befundes stellt sich die analoge Frage nach der klassischen Theologie. Die klassische Theologie, die in ihrer Vermittlung zum Welt- und Daseinsverständnis von dem personalen dreifaltigen Wesen Gottes weitgehend absah, behält offensichtlich im Rahmen ihrer Fragestellungen ihre Berechtigung. Vielleicht kann sie in einer analogen Weise wie die klassischen Naturwissenschaften als ein Grenz- und Sonderfall eines heute angemessenen theologischen Gesamtverständnisses betrachtet werden. Es kann also auch in diesem Bereich nicht darum gehen, falsche Alternativen zu konstruieren und die „klassischen" Leistungen der Vergangenheit zu unterschätzen oder gar herabzusetzen. Es geht vielmehr auch in der Theologie um eine Weitung des Blicks sowie des überkommenen Argumentations- und Begriffssystems. Die Notwendigkeit dazu ergibt sich, wenn man bei der Vermittlung zwischen christlicher Offenbarung und allgemeinem Weltverständnis bzw. bei der Deutung der gesamten geschaffenen Wirklichkeit die Trinität in einer angemessenen Weise einbezieht.

Eine solche Theologie könnte nicht zuletzt erweisen, daß die Konvergenz zwischen Adorno und Horkheimer einerseits und Grundüberzeugungen der christlichen Dogmatik andererseits letzten Endes nur ein Symptom dafür ist, daß am Ende der Aufklärung eine theologische Vermittlung zwischen Offenbarung und menschlichem Daseinsverständnis möglich ist, die in vieler Hinsicht auf einer anderen Ebene der geistigen Entwicklung ihre Analogie in der zu ihrer Zeit glänzenden theologischen Konzeption der Scholastik hat. Wie einst die Scholastik zu ihrer Zeit, würde eine solche Theologie auf der heutigen Reflexionsstufe die Vernunft weder verfemen noch verabsolutieren. Sie würde dem „fortgeschrittensten wissenschaftlichen Stand" entsprechen und böte durch ihre Orientierung an dem personalen dreifaltigen Schöpfer die Grundlage dafür, die wissenschaftlich-technische Weltgestaltung – ohne sie pauschal zu diffamieren – in ihre Schranken zu weisen. Wie die bisherigen Überlegungen zeigen, ist eine solche im besten Sinne des Wortes moderne theologische Konzeption allerdings weder von den sogenannten progressiven, noch von den sogenannten konservativen Richtungen zu erwarten. Denn die einen haben sich darauf programmiert, die geistigen Schlachten vergangener Jahrhunderte mit verbesserten Waffensystemen nochmals zu schlagen, während sich die anderen dank ihrer Tendenz zur Anpassung an die jeweiligen geistigen Trends als eigenständige und ernsthafte Gesprächspartner selbst entmündigt haben. Notwendig zur Überwindung des gegenwärtigen Dilemmas ist eine neue Unbefangenheit des Glaubens und des Denkens, die sich freilich von der Unbefangenheit des Anfangs dadurch unterscheidet, daß sie die Krisen in beiden Bereichen – dem des Glaubens und dem des Denkens – durchgestanden und überwunden hat.

Anmerkungen

1 H. Günther/C. Willeke/R. Willeke: Die Gewalt der Verneinung – Die kritische Theorie und ihre Folgen, Stuttgart 1978
2 Die einschlägigen Veröffentlichungen erfolgten vor allem in den Zeitschriften ibw-Journal und Katholische Bildung
3 a a. O., S. 13
4 a a. O., S. 13, 14 und 16
5 a a. O., S. 16
6 ebd.
7 a a. O., S. 34
8 a a. O., S. 35
9 ibw-Journal, April 1968
10 Max Horkheimer/Theodor W. Adorno: Dialektik der Aufklärung – Philosophische Fragmente, Fischer-Taschenbuch 6144, S. IX
11 ebd.
12 a a. O., S. X
13 ebd.
14 Max Horkheimer: Traditionelle und kritische Theorie – Vier Aufsätze, Fischer 6015, S. 7
15 ebd.
16 Max Horkheimer: Kritische Theorie, Fischer-Studienausgabe, S. 383
17 Max Horkheimer: Traditionelle und kritische Theorie, a a. O., S. 9
18 ebd. S. 10
19 Max Horkheimer: Die Sehnsucht nach dem ganz Anderen, Furche-Stundenbücher, Bd. 97, S. 54f
20 a a. O., S. 55
21 ebd., S. 11
22 ebd., S. 55
23 ebd., S. 40
24 Theodor W. Adorno: Spätkapitalismus oder Industriegesellschaft? in: Weiterentwicklungen des Marxismus, hrsg. von Willi Oelmüller, Darmstadt 1977, S. 332
25 Theodor W. Adorno zum Gedächtnis (hrsg. von Hermann Schweppenhäuser) Frankfurt 1971
26 Von Adornos übrigen Werken werden übrigens in diesem Beitrag von Schmidt die minima moralia am häufigsten zitiert, ein Werk, das erstmals 1951, also über ein Jahrzehnt vor der Negativen Dialektik, veröffentlicht wurde.
27 Herbert Marcuse: Der eindimensionale Mensch, Neuwied, Luchterhand-Verlag
28 a a. O., S. 21
29 Vgl. hierzu insgesamt: Hugo Staudinger/Wolfgang Behler: Chance und Risiko der Gegenwart – Eine kritische Analyse der wissenschaftlich-technischen Welt, Paderborn 1976
30 H. Schelsky, Einsamkeit und Freiheit, rde Bd. 171/172, Hamburg 1963, S. 218f
31 Marcuse, a a. O., S. 21
32 ebd.

33 a a. O., S. 22 f
34 a a. O., S. 159
35 Vgl. Hugo Staudinger: Das Wilhelminische Deutschland in der Spannung zwischen Gottesgnadentum und wissenschaftlich-technischer Weltauffassung in: Julius H. Schoeps (Hrsg.): Religion und Zeitgeist im neunzehnten Jahrhundert, Stuttgart 1982, S. 107–133
36 Marcuse, a a. O., S. 159
37 ebd.
38 ebd.
39 ebd.
40 a a. O., S. 159 f
41 a a. O., S. 160
42 ebd.
43 ebd.
44 ebd.
45 a a. O., S. 161
46 a a. O., S. 171
47 a a. O., S. 174
48 a a. O., S. 180
49 a a. O., S. 160
50 ebd.
51 a a. O., S. 22
52 ebd.
53 a a. O., S. 182
54 ebd.
55 a a. O., S. 266
56 ebd.
57 ebd.
58 ebd.; Die Übersetzung ins Deutsche wurde neu vorgenommen, um dem Elan des französischen Textes gerecht zu werden
59 a a. O., S. 267
60 ebd.
61 a a. O., S. 268
62 Vgl. oben Seite
63 Herbert Marcuse: Reflexion zu Theodor W. Adorno – Aus einem Gespräch mit Michaela Seiffe in: Theodor W. Adorno zum Gedächtnis, hrsg. von Hermann Schweppenhäuser, Frankfurt/M. 1971, S. 49
64 Herbert Marcuse: Versuch über die Befreiung, Frankfurt 1969, S. 26 f, vgl. hierzu und zum Folgenden Hans Lenk/Roland Simon-Schaefer: Vernunft – Wissenschaft – Praxis – Zur Kritik der „Kritischen Theorie" in: Aus Politik und Zeitgeschichte vom 12. Dez. 1981, S. 41–60
65 Marcuse: Versuch ..., a a. O., S. 34
66 Herbert Marcuse: Professoren als Regenten? in: Der Spiegel, 1967, H. 35, S. 115
67 ebd., S. 118. Durch die Art und Weise wie Marcuse ihn ins Spiel bringt, wird der alte und tiefgründige Gedanke einer Versöhnung auch der Natur eher diskreditiert als gefördert. Allerdings ist der Gedankengang Herbert Marcuses in sich systemkonsequent. Wer die Transzendenz ablehnt und Versöhnung und Befreiung für den Menschen allein durch Revolution und Maßnahmen technokratischer Gesellschaftspo-

litik erhofft, für den ist es konsequent, diese Hoffnung auch auf die Natur auszudehnen, womit er letzten Endes jedoch nur beweist, wie utopisch eine Hoffnung auf eine weltimmanente Lösung letzten Endes ist.

68 Herbert Marcuse, Spiegel, a a. O., S. 118
69 Jürgen Habermas: Technik und Wissenschaft als „Ideologie", Edition Suhrkamp 287, S. 152f
70 a a. O., S. 68
71 ebd.
72 a a. O., S. 49
73 ebd.
74 ebd.
75 a a. O., S. 77
76 ebd.
77 ebd.
78 a a. O., S. 81
79 a a. O., S. 78
80 ebd.
81 ebd.
82 a a. O., S. 98
83 a a. O., S. 84
84 a a. O., S. 128
85 a a. O., S. 128f
86 Vgl. Hugo Staudinger: Der Atheismus als politisches Problem - Ein Beitrag zur Klärung der gegenwärtigen Situation, ibw-Journal, Aug. 1978
87 Habermas, a a. O., S. 98
88 ebd.
89 a a. O., S. 166
90 Vgl. oben Seite 37
91 a a. O., S. 114
92 a a. O., S. 119
93 Habermas/Luhmann: Theorie der Gesellschaft oder Sozialtechnologie, Frankfurt 1971, S. 137
94 ebd., S. 140
95 ebd., S. 139
96 C. F. von Weizsäcker: Die Tragweite der Wissenschaft I, Stuttgart 1966^2. S. 107
97 J. Newton: Die mathematischen Prinzipien der Naturlehre, hrsg. von J. Wolfers, Berlin 872, S. 511
98 Diese Auffassung vertritt zum Beispiel Felix von Cube in einer Auseinandersetzung mit mir in der Zeitschrift aus Politik und Zeitgeschichte vom 16. Juni 1979
99 Vgl. Staudinger/Behler: Chance und Risiko der Gegenwart - Eine kritische Analyse der wissenschaftlich-technischen Welt, Paderborn 1976, S. 199
100 Vgl. ebd., S. 200
101 Vgl. ebd., S. 252f
102 Theodor W. Adorno: Negative Dialektik, stw 113, S. 139
103 a a. O., S. 44; Für Leser, welche die Negative Dialektik Adornos nicht

kennen, mag es befremdlich erscheinen, daß hier wie bei den folgenden Darlegungen Sätze, die sich in verschiedenen Kapiteln der Negativen Dialektik befinden, unmittelbar hintereinander zitiert und aufeinander bezogen werden. Da Adorno jedoch seine Gedanken in mehreren Ansätzen darlegt – die Gesamtkonzeption wird schon in der Einleitung entwickelt, dann im Kernstück der Untersuchung ausgeführt und schließlich in den „Modellen" nochmals dargelegt – ist eine solche kombinierende Zitierung dem besseren Verständnis der Gesamtkonzeption Adornos dienlich.

104 a a. O., S. 57

105 a a. O., S. 140

106 a a. O., S. 19f

107 a a. O., S. 24

108 ebd.

109 a a. O., S. 21

110 a a. O., S. 152

111 a a. O., S. 151

112 a a. O., S. 156

113 a a. O., S. 43

114 ebd.

115 a a. O., S. 355

116 Vgl. Staudinger/Horkheimer: Humanität und Religion – Briefwechsel und Gespräch, Würzburg 1974, S. 57

117 Vgl. hierzu G. W. Fr. Hegel: Sämtliche Werke, hrsg. von J. Hoffmeister, Hamburg 1952, Bd. XVIII, A, Vorlesungen über die Philosophie der Weltgeschichte, Philos. Bibliothek, Bd. 171 a, S. 26–49

118 Vgl. G. W. Fr. Hegel, a. a. O., Bd. XII, Grundlinien des Rechts, Philos. Bibliothek, Bd. 124a, §§ 341–353, S. 288f

119 Adorno a a. O., S. 53

120 a a. O., S. 32

121 a a. O., S. 184

122 a a. O., S. 24

123 a a. O., S. 187

124 a a. O., S. 25

125 ebd.

126 a a. O., S. 25f

127 a a. O., S. 172

128 a a. O., S. 58

129 a a. O., S. 149

130 a a. O., S. 180

131 Theodor W. Adorno: Stichworte – kritische Modelle, Edition Suhrkamp 347, S. 155

132 Adorno: Negative Dialektik, S. 203

133 a a. O., S. 205

134 ebd.

135 a a. O., S. 206

136 a a. O., S. 205

137 a a. O., S. 193

138 a a. O., S. 197

139 ebd.

140 a a. O., S. 146
141 a a. O., S. 174
142 a a. O., S. 192
143 a a. O., S. 164
144 a a. O., S. 146
145 a a. O., S. 207
146 a a. O., S. 388
147 a a. O., S. 364
148 ebd.
149 a a. O., S. 368
150 a a. O., S. 372
151 a a. O., S. 392 f
152 a a. O., S. 393
153 ebd.
154 a a. O., S. 397
155 ebd.
156 ebd.
157 ebd.
158 a a. O., S. 341
159 a a. O., S. 398
160 ebd.
161 ebd.
162 ebd.
163 a a. O., S. 399
164 ebd.
165 a a. O., S. 399 f
166 a a. O., S. 400
167 Horkheimer/Adorno: Dialektik der Aufklärung, Fischer-Taschenbuch 6144, S. 10
168 Vgl. Staudinger/Schlüter: Wer ist der Mensch? – Entwurf einer offenen und imperativen Anthropologie, Stuttgart 1981, insb. S. 231 f
169 Adorno: Stichworte, a a. O., S. 151
170 Max Horkheimer: Zur Kritik der instrumentellen Vernunft, Frankfurt 1967, S. 83 f
171 a a. O., S. 84
172 Vgl. Staudinger/Behler, a a. O., S. 240 ff
173 Vgl. Staudinger/Horkheimer, a a. O., S. 28 ff und S. 51
174 Vgl. Staudinger/Schlüter, a a. O., S. 12 ff
175 Vgl. Staudinger/Behler, insb. S. 320 ff
176 Vgl. oben Seite
177 Horkheimer: Zur Kritik ... a a. O., S. 63
178 a a. O., S. 174
179 a a. O., S. 226
180 a a. O., S. 227
181 Horkheimer/Adorno: Dialektik ... a a. O., S. 77
182 Max Horkheimer: Die Sehnsucht nach dem ganz Anderen, Furche-Stundenbücher, Bd. 97, S. 60 f; dazu Horkheimer zur Kritik ... a a. O., S. 228
183 Horkheimer: Die Sehnsucht ... a a. O., S. 61
184 a a. O., S. 67

185 aa.O., S. 76
186 ebd.
187 aa.O., S. 86
188 aa.O., S. 84–86, passim
189 aa.O., S. 86
190 aa.O., S. 85, Die Sachfrage, ob diese Auffassung zu Recht besteht, kann an dieser Stelle getrost offen bleiben.
191 aa.O., S. 88f
192 Horkheimer/ Adorno: Dialektik ... aa.O., S. 9
193 Horkheimer: Die Sehnsucht ... aa.O., S. 76
194 Deutsches Institut für Bildung und Wissen: Die Krise des Zeitalters der Wissenschaften, Frankfurt 1964[2], S. 11
195 ebd. S. 15
196 Pädagogische Provinz, H.1/2, Jan. 1963 = Deutsches Institut für Bildung und Wissen: Die Krise des Zeitalters der Wissenschaften, 1. Auflage 1963, 2. Auflage 1964
197 Domkapitular Dr. Gerhard Hostkemper, Paderborn, in einem Gespräch
198 ibw-Journal vom 16. April 1968, v. 15. Juni 1968, v. 16. Sept. 1968, v. 15. Nov. 1968, v. 16. Dez. 1968; dazu eine Besprechung von Horkheimers Buch: Zur Kritik der instrumentellen Vernunft von G. Jungblut im H. v. 15. Aug. 1968, ein Beitrag von Gisela Wenzel über „Sprache und Verstehen in der Theorie von Jürgen Habermas" im H. v. 16. April 1969
199 Staudinger/Horkheimer, aa.O., S. 51; S. 9ff ist auch der im Text angegebene Vortrag über Christentum und Fortschritt ungekürzt abgedruckt
200 ebd., S. 55
201 ebd., S. 83
202 ebd., S. 74
203 Staudinger/Behler: Chance und Risiko der Gegenwart – Eine kritische Analyse der wissenschaftlich-technischen Welt, Paderborn 1976
204 Vgl. Günter Rohrmoser: Zäsur – Wandel des Bewußtseins, Stuttgart 1980, S. 301
205 Diese Formulierung ist übernommen aus Friedrich Ueberwegs Grundriß der Geschichte der Philosophie, 4. Teil, Tübingen 1951, S. 96
206 Rohrmoser, aa.O., S. 299
207 Adorno: Stichworte, aa.O., S. 153
208 Horkheimer: Die Sehnsucht ... aa.O., S. 64f
209 Max Horkheimer: Kritische Theorie, Fischer-Studienausgabe, S. 374
210 Horkheimer: Die Sehnsucht ... aa.O., S. 59f
211 Edition Suhrkamp 374, S. 20ff
212 Adorno: Stichworteaa.O., S. 9
213 ebd., S. 20
214 ebd., S. 21
215 ebd., S. 22
216 ebd., S. 23
217 ebd.
218 ebd., S. 24
219 ebd., S. 220

220 ebd., S. 25
221 Horkheimer: Zur Kritik ... a a. O., S. 232
222 ebd., S. 219
223 ebd., S. 216
224 ebd., S. 218; zum Problem selbst vgl. Staudinger/Horkheimer a a. O., S. 54f
225 Adorno: Stichworte a a. O., S. 25
226 Horkheimer: Zur Kritik ... a a. O., S. 232
227 ebd., S. 230
227 ebd., S. 230f
229 Adorno: Stichworte a a. O., S. 26
230 ebd., S. 27
231 Adorno: Negative Dialektik, S. 387
232 Adorno: Stichworte a a. O., S. 25
233 ebd., S. 28
234 ebd.
235 ebd., S. 26
236 ebd.; diese Feststellungen Adornos bedeuten zugleich eine vorweggenommene Kritik an Auffassungen Erich Fromms.
237 ebd., S. 28
238 Horkheimer: Die Sehnsucht ... a a. O., S. 57
239 Jürgen Habermas: Theodor W. Adorno wäre am 11. September 66 Jahre alt geworden, in: Theodor W. Adorno zum Gedächtnis, Frankfurt 1971, S. 36
240 Horkheimer: Die Sehnsucht a a. O., S. 76
241 Habermas: Adorno zum Gedächtnis, a a. O., S. 36
242 ebd.
243 ebd.
244 Adorno: Negative Dialektik, S. 393f
245 ebd., S. 371
246 ebd., S. 395
247 Horkheimer: Die Sehnsucht ... a a. O., S. 61
248 Horkheimer/Adorno: Dialektik ... a a. O., S. 18
249 ebd.
250 Adorno: Negative Dialektik S. 395
251 Horkheimer: Die Sehnsucht ... a a. O., S. 67. Zu diesem Bekenntnis im Konjunktiv schreibt Werner Post (Kritische Theorie zum Spätwerk Max Horkheimers, München 1971, S. 136): „Aus den positiven Gehalten der Theologie macht die Metaphysik Möglichkeiten; was in der Theologie Glaubensgewißheit bedeutet, nimmt metaphysisch die Gestalt der Sehnsucht an."
252 Vgl. hierzu: Johannes Joachim Degenhardt: Die Heilige Schrift, Buch der Kirche, Worte zur Zeit H. 8, Salzkotten 1981
253 Mt 19,3–9; Mk 10,2–12
254 Schalom Ben-Chorin: Jüdische Fragen um Jesus Christus, in: Juden, Christen, Deutsche. Stuttgart 1961^{3}, 143ff
255 Vgl. oben Seite 97
256 Adorno: Stichworte ... a a. O., S. 27
257 ebd.
258 ebd.

259 David Friedrich Strauß: Das Leben Jesu. Vorwort zur ersten Auflage, 1835

260 Rudolf Bultmann: Neues Testament und Mythologie. Das Problem der Entmythologisierung der neutestamentlichen Verkündigung. In: Kerygma und Mythos, Bd. 1,4, erweiterte Auflage 1960, S. 20

261 ebd., S. 46f

262 Gerhard Ebeling: Wort und Glaube, Tübingen 1962[2], S. 314

263 Gerhard Ebeling: Das Wesen des christlichen Glaubens, Tübingen 1959, S. 80

264 Vgl. hierzu meine Untersuchung: Die historische Glaubwürdigkeit der Evangelien, Gladbeck und Würzburg 1977[4]

265 Hans Freiherr von Campenhausen: Der Ablauf der Osterereignisse und das leere Grab. In: Sitzungsbericht der Heidelberger Akademie der Wissenschaften, Heidelberg 1958[2], S. 54

266 Vgl. oben Seite 100

267 Formulierung übernommen aus dem Artikel „Gottesbeweis" in der Brockhaus-Enzyklopädie, 7. Bd., Wiesbaden 1969

268 Erich Fromm: Ihr werdet sein wie Gott, ro ro ro 7332, S. 66. Fromms Intention wird im Einbanddeckel seines Buches in folgender Weise charakterisiert: „Fromms Interpretation ist die des radikalen Humanismus, die deutlich macht, wie die Bibel heute verstanden werden kann: als ermutigendes Beispiel für die Fähigkeit des Menschen, seine eigenen Kräfte zu entwickeln, um zu einer inneren Harmonie zu gelangen und so die Errichtung einer friedlichen Welt zu fördern." Abgesehen davon, daß eine solche Interpretation des Alten Testaments mit der überkommenen jüdisch-christlichen Überlieferung unvereinbar ist, wagt es auch Fromm selbst nicht, die letzte Konsequenz aus seiner Ermächtigung „Ihr werdet sein wie Gott" zu ziehen: An die Stelle der Bindung an Gott tritt eine sogenannte X-Erfahrung, die der Gefahr der Willkür und Gewalttätigkeit entgegenwirken soll, die jedoch letzten Endes selbst nur in der persönlichen Entscheidung Fromms zugunsten der Humanität begründet ist.

269 Es bedarf kaum eines besonderen Hinweises, daß diese Übertragung rechtsstaatlicher Grundsätze auf die Frage einer Durchbrechung von Naturgesetzen ebenso problematisch ist wie die gesamte Art der Auseinandersetzung. Denn es wird bei dieser Analogie übersehen, daß die Wunder Gottes ja keineswegs willkürliche, sondern erbarmende und helfende Eingriffe in den normalen Gang darstellen, so daß sie – sofern man sich auf diese Analogie überhaupt einläßt – eher mit Akten der Begnadigung verglichen werden könne, die ja durchaus auch in Rechtsstaaten ihren legitimen Platz haben.

270 Adorno: Stichworte a a. O., S. 27

271 Thomas F. Torrance: Das Verhältnis zwischen christlichem Glauben und moderner Naturwissenschaft – die geistesgeschichtliche Bedeutung von James Clerk Maxwell, Sonderbeilage zum ibw-Journal vom Febr. 1982, S. 15

272 Vgl. zu diesem gesamten Fragenkomplex Staudinger/Schlüter a a. O., S. 238ff

273 Dies ist um so beachtenswerter, da das griechische Wort für Geist grammatikalisch ein Neutrum ist. Die entsprechenden Formulierungen

des Neuen Testamentes sind jeweils so gewählt, daß das Mißverständnis, daß es sich beim Heiligen Geist um eine unpersönliche neutrale Kraft handle, nicht aufkommen kann. Kennzeichnend dafür ist zum Beispiel das 16. Kapitel des Johannesevangeliums in dem der Heilige Geist zunächst als „der Tröster" eingeführt wird und es dann heißt: „Wenn jener aber kommt, der Geist (im Griechischen grammatikalisch Neutrum) der Wahrheit, wird er euch zur vollen Wahrheit führen ... Jener wird mich verherrlichen..."

274 Wie bereits an anderer Stelle erwähnt wurde, erklärt Horkheimer, „die Lehre der christlichen Religion, daß es einen allmächtigen und allgütigen Gott gibt," sei „angesichts des Leidens, das seit Jahrtausenden auf dieser Erde herrscht, kaum glaubhaft."

275 Vgl. Staudinger/Behler, a a. O., S. 298 f

276 Für den gesamten Zusammenhang sei verwiesen auf das Kapitel „Freiheit als teleologisches Prinzip der Evolution" in Staudinger/Schlüter, a a. O., S. 181 ff

277 Vgl. hierzu und zum folgenden die gesamte bereits zitierte Abhandlung von Thomas F. Torrance

278 Vgl. zu diesem gesamten Fragenkomplex auch meine Untersuchung „Die Glaubwürdigkeit Gottes in unserer modernen Welt", Sonderdruck zum ibw-Journal H 12, 1978

Personenregister

Außer den Namen wurden in diesem Register auch vom Namen abgeleitete Adjektive, wie etwa „kantisch“ oder „platonisch“ berücksichtigt.